Roland Harris, Thomas Klie, Egbert Ramin · Heime zum Leben

Roland Harris · Thomas Klie · Egbert Ramin

HEIME ZUM LEBEN

Wege zur bewohnerorientierten Qualitätssicherung

Vincentz Verlag

Die Deutsche Bibliothek – CIP-Einheitsaufnahme

Harris, Roland:

Heime zum Leben : Wege zur bewohnerorientierten
Qualitätssicherung / Roland Harris ; Thomas Kie ; Egbert Ramin. – Hannover : Vincentz, 1995

ISBN 3-87870-016-4

NE: Klie, Thomas,; Ramin, Egbert

Zur Entlastung unserer Umwelt auf chlorfrei gebleichtem Papier gedruckt.

Druck: CW Niemeyer, Hameln

Gestaltung: P. Böhm, Hannover

ISBN 3-87870-016-4

Inhaltsverzeichnis

Roland Harris ist leitender Inspektor im Bereich Qualitätssicherung und Inspektion der Abteilung Soziale Dienste des Londoner Verwaltungsbezirks Enfield. In dieser Funktion prüft er die Qualität von Einrichtungen der Altenpflege. Über diese Aufgaben hat er bereits in mehreren Vorträgen in Deutschland berichtet

Thomas Klie ist Professor an der evangelischen Fachhochschule für Sozialwesen in Freiburg. Erfahrungen in der Praxis und in der Aus- und Fortbildungstätigkeit im Bereich Altenhilfe prägen seine wissenschaftliche und schriftstellerische Arbeit.

Egbert Ramin ist Industriekaufmann und Diplomsozialarbeiter, er studierte Sozialwissenschaften und Rechtswissenschaft. Der Schwerpunkt seiner Arbeit ist die Fortbildung in der Altenhilfe.

Vorwort

Qualitätssicherung hat Konjunktur: Die Pflegeversicherung, aber auch das Bundessozialhilfegesetz fordern sie von den Pflegeeinrichtungen, Heime und Verbände entwickeln und erproben Verfahren und Instrumente – mancherorts. Auch die Heimaufsicht greift das Stichwort ›Qualitätssicherung‹ auf und orientiert sich neu in ihrer Arbeit; Heimaufsicht als externe Qualitätssicherung? Bei allen Bemühungen in Deutschland: Die Qualitätssicherung in der Altenhilfe steht noch sehr am Anfang. Ein Blick über die Grenzen lohnt: In diesem Buch steht ein englisches Qualitätssicherungskonzept im Mittelpunkt: »Homes are for living-in«. Das Konzept, die Instrumente und die Praxis werden ausführlich dokumentiert und erläutert. Es handelt sich um ein Qualitätssicherungsverfahren, das Prinzipien als Orientierung für Standards und Indikatoren guter Pflege heranzieht: Privatheit, Würde, Unabhängigkeit, Wahlfreiheit, Rechtssicherheit, Selbstverwirklichung. Sie werden für den Pflegealltag operationalisiert – Würde beim Waschen etwa, was heißt das? Dieses wertorientierte Qualitätssicherungskonzept erscheint angesichts der deutschen Qualitätssicherungsdiskussion, die stark von methodisch-technischen Standardisierungen einzelner Dienstleistungen einerseits und Kostensenkungsaspekten andererseits geprägt wird, besonders interessant, und auch wichtig. Die Prinzipienorientierung kann für alle Beteiligten in der stationären Altenhilfe zu einer Verständigung über die Werte und Indikatoren guter Pflege beitragen. Eine Magna Charta für Pflegeheime? Der englische Ansatz legt dieses fast nahe.

Dieses Buch ist entstanden aus der Arbeit an der Evangelischen Fachhochschule in Freiburg. Auf einer Studienreise nach England lernten wir das Konzept »Homes are for living-in« kennen. Egbert Ramin übersetzte es im Rahmen seiner Diplomarbeit und diskutierte den Nutzen eines solchen Konzepts für die deutsche Heimaufsicht. Inzwischen wird das englische Modell im Rahmen eines Forschungsobjektes an der Evangelischen Fachhochschule in Freiburg erprobt und die guten Erfahrungen damit lassen es sinnvoll erscheinen, es einer größeren Öffentlichkeit zugänglich zu machen. Roland Harris aus London beschrieb für dieses Buch seine Praxis und die mit dem Konzept gesammelten Erfahrungen.

»Homes are for living-in« mag die deutsche Qualitätssicherungsdiskussion in der Altenhilfe bereichern. Diese wird am Anfang des Buches in einem

Überblick dargestellt, illustriert mit Beispielen anderer Qualitätssicherungsansätze und einer gewissen systematischen Einführung. Am Ende des Buches steht eine Reflexion der Prinzipien des englischen Modells vor dem Hintergrund der im Grundgesetz verankerten Grundrechte. Von den Grundrechten der Verfassung zu Prinzipien der Altenpflege und ihrer Verankerung im Alltag der Pflege; das Buch zeigt auf diesen Weg.

Das Buch richtet sich an:

⇒ *Heime und ihre MitarbeiterInnen für die innerbetriebliche Diskussion um eine bewohnerorientierte Qualitätssicherung,*

⇒ *Heimaufsichtsbehörden, die wertvolle Anregungen für ihre Arbeit aus dem englischen Konzept, das für die »Heiminspektion« entwickelt wurde, gewinnen können,*

⇒ *Heimbeiräte und Seniorenorganisationen, die mit Hilfe der Indikatoren und Prinzipien Hilfsmittel an die Hand bekommen, die sie für ihre konstruktiv-kritische Begleitung der Heime nutzen können.*

⇒ *Aber auch für die Diskussion um die Qualitätssicherungsmaßnahmen i. S. des § 80 SGB XI (Pflegeversicherung) mag das Buch Anregungen geben.*

Thomas Klie

Freiburg, im August 1994

1. Qualitätssicherung in der stationären Altenhilfe

zum Stand der Diskussion in Deutschland

Thomas Klie

Eine Magna Charta für Heime?

Jüngst fragte eine Seniorenvertretung, ob es nicht so etwas wie eine »Magna Charta« der Bewohnerrechte in Heimen gäbe oder ob man nicht Entsprechendes formulieren könnte.[1] Sie seien häufig so unsicher, konfrontiert mit der Heimwirklichkeit, was man als pflegebedürftiger Mensch in Heimen erwarten, fordern und voraussetzen könne. Sie würden ja sehen, wieviel Mühe sich die Heimmitarbeiter gäben, die sicher mit Recht auf die schlechte Personalsituation verweisen und häufig angestrengt und ausgebrannt wirkten. Nur: Es müsse doch geklärt werden, worauf Heimbewohner Anspruch haben, was man als künftige(r) HeimbewohnerIn zu erwarten hat – die Unsicherheit hierüber mache doppelt ohnmächtig. Die Heimverträge seien diesbezüglich nichtssagend, die Heimaufsicht hülle sich in Schweigen – an wen kann man sich denn wenden?[2]

Fehlende Standards und verbreitete Beliebigkeit in der Altenpflege sind der Befund, auf den nicht nur diese Seniorenvertretung sondern auch Verantwortliche in der Altenhilfe selbst immer wieder stoßen. Zwar boomt in der Pflege- und Heimavantgarde die Standard- und Qualitätssicherungsdiskussion, so daß mit Recht befürchtet wird, daß die Diskussion um Qualitätssicherung selbst unter Qualitätsverlust leidet.[3] Von der Etablierung von Standards, einem allgemein anerkannten Stand von Pflege[4] oder in sich konsistenten Qualitätssicherungskonzepten kann in der Bundesrepublik derzeit noch nicht die Rede sein.

Entwicklung der stationären Altenhilfe

Seit langem wird um die stete Weiterentwicklung der stationären Altenhilfe gerungen: Das Heimgesetz ist als gesetzgeberischer Ausdruck des Qualitätssicherungsanliegens zu werten, als Reaktion auf finanzielle Übervortei-

Merkmalsbereiche	Qualitätsstufen			
	Optimale Pflege *(Einbeziehung und Mitbestimmung des Bewohners)*	**Angemessene Pflege** *(Dem Bewohner angepaßte Pflege)*	**Sichere Pflege** *(Routineversorgung des Bewohners).*	**Gefährliche Pflege** *(Bewohner erleidet Schaden)*
Grundpflege	Bewohner ist aktiviert, er kann mitbestimmen und hat Entscheidungsfreiheit (ihn tun lassen.)	Bewohner erfährt Berücksichtigung seiner individuellen Bedürfnisse. (Es wird an ihm getan).	Bewohner ist mit dem Nötigsten versorgt. (Er hat tun zu lassen.)	Bewohner ist unzureichend versorgt, er leidet. (Er hat sich anzupassen.)
Spezielle und Behandlungspflege	Bewohner kennt Sinn und Zweck der täglichen prophylaktischen Maßnahmen zur Verhütung seelischer und körperlicher Schäden. Er ist motiviert.	Bewohner ist informiert über die Durchführung der täglichen prophylaktischen Maßnahmen.	Bewohner erhält das Notwendigste an prophylaktischen Maßnahmen.	Bewohner erleidet durch Unterlassung prophylaktischer Maßnahmen vermeidbare Schäden.
Befriedigung psychischer und sozialer Bedürfnisse	Bewohner ist in die Tagesplanung mitbestimmend einbezogen. Er erlebt Partnerschaft und Toleranz, erhält Anleitung zur rehabilitierenden Bewegung und Beschäftigung sowie Vermittlung von sozialen Kontakten.	Bewohner kann seine Bedürfnisse äußern und wird akzeptiert. Kontakt pflegen nach außen wird akzeptiert.	Bewohner muß sich in den Zeitrahmen der Station einfügen. Hilfen zu besonderen Lebensfragen werden nicht gegeben.	Bewohner erleidet Schaden durch Abdrängung in Isolation und Passivität.
Kommunikation	Bewohner erhält gezielte Beratung zu Lebensfragen und zur Entscheidungsfindung.	Bewohner erfährt persönliche Zuwendung durch gelegentliche Gespräche.	Bewohner erfährt stereotype heimbezogene Kommunikation.	Bewohner ist Opfer, seine Entscheidungen und Äußerungen zählen nicht.
Pflegeplan und Informationsweitergabe	Bewohner (seine Angehörigen und Freunde) sind über die Pflegeplanung informiert. Gute Zusammenarbeit mit Pflegepersonal ist gewährleistet.	Ein individueller Pflegeplan ist vorhanden, der nach Bedarf geändert und ergänzt wird. Regelmäßige Dienstbesprechungen.	Dienstübergabe ist fehlerfrei gewährleistet.	Dienstübergabe ist mangelhaft

Abbildung 1:
Merkmale verschiedener Stufen der Pflegequalität in der Altenpflege[5]
(aus: Mybes/Pfau/Rückert: Bundesministerium für Familie, Senioren, Frauen und Jugend)

lung von HeimbewohnerInnen, in der Reformaera der 70iger Jahre verabschiedet. Bauliche Mindeststandards und Instrumente zur finanziellen Absicherung von HeimbewohnerInnen waren legislative Schritte zur Qualitätssicherung auf einem Mindestniveau, das aber heute auch noch nicht überall realisiert ist, insbesondere in den neuen Bundesländern. Maßgeblich befruchtet hat die Qualitätsdiskussion in der Pflege die Veröffentlichung der vier Pflegequalitätsstufen (siehe Abb. 1).

Die Weiterentwicklung der stationären Altenhilfe spiegelt sich wider in der Diskussion um die Entwicklung und Implementierung von neuen Konzepten für Heime, der Diskussion um die Zukunft der Heime[6] und um eine Anpassung der Heimstrukturen an die veränderte Bewohnerschaft. Seit 15 Jahren währt die Diskussion um Organisationsentwicklung und innerbetriebliche Fortbildung in Heimen.[7] Leitbilder und Philosophien für Heime werden formuliert – Ideen kommen dazu häufig aus der Schweiz – Heimaufsichtsbehörden entwickelten Kriterienkataloge und formulieren erste Standards.[8] Die Bestimmungen des Heimgesetzes, mehr aber noch Förderrichtlinien der Länder und eine aktive Verbandspolitik sowie schließlich qualifiziertere Ausbildungen für Pflegekräfte haben vielerorts zu einem Umdenken geführt, neuen Konzepten zur Realisierung verholfen – aber eine Magna Charta oder gar Pflegestandards für Heime können in Deutschland noch nicht vorgelegt werden und schon gar nicht als etabliert gelten.

Der viel zitierte »Pflegenotstand« und düstere Zukunftsperspektiven für den Pflegesektor behindern eine offensive Diskussion um Qualität und Standards vor Ort.

Qualitätssicherung heißt Zuverlässigkeit zeigen und Abschiednehmen vom »Management by Heartbeat«, von unkoordinierten Aktionen guten Willens, der letztendlich nur dazu führt, daß die Mitarbeiter in der Pflege ausbrennen.[9]

Es besteht die Gefahr, daß der Pflegenotstand als Generalentschuldigung die verbreitete Beliebigkeit stabilisiert. Es gibt viele Hintergründe für diese Beliebigkeit: Sie liegt in der Unabhängigkeit der Träger begründet, in dem geringen berufsständischen Selbstbewußtsein der (dienenden) Pflegeberufe, im konfliktunfähigen Klientel und der gesellschaftlichen Randständigkeit des Pflegeheimsektors.

Qualitätssicherung – Zukunftsthema

Die Qualitätssicherungsdiskussion läßt sich für die stationäre Altenhilfe jedoch nicht mehr vermeiden und kommt massiv auf sie zu: Nicht nur, daß die Diskussion in Fachkreisen grassiert, auch die sich professionalisierende Pflege und die Etablierung von Pflegestudiengängen unterstützen Bewußtseins- und Einstellungsveränderungsprozesse der Berufsgruppe Pflege.[10] Die Schwierigkeit, die »Bildungsbeteiligungsquote« der Pflegeberufe zu erhöhen,

d. h. junge Menschen für die Altenpflege zu gewinnen, verlangt nach einem positiven Image, Konkurrenz auf dem Markt und vor allem die Pflegeversicherung mit den dort explizit aufgenommenen Qualitätssicherungsregelungen[11] und drohenden einseitigen Festlegungen – nicht zuletzt unter Kostengesichtspunkten – zwingen der stationären Altenhilfe die Qualitätssicherungsdiskussion auf und verordnen ihr Qualitätssicherungsmaßnahmen und -instrumente, die im einzelnen noch nicht absehbar konkretisiert sind.

Letztlich geht es nur um eines: Pflege muß Freude machen. Zuerst denen, die gepflegt werden. Dann aber auch allen, die pflegen und auch denjenigen, die die Pflege zur Erhaltung der sozialen Kultur finanzieren.[12]

Es besteht hier die Gefahr, daß sich ein medizinisch-technischer Qualitätsbegriff durchsetzt, der weder Aspekte des Verbraucherschutzes und eine Kundenorientierung, noch »Philosophien« von Einrichtungen, die sich an Grundwerten des Zusammenlebens orientieren, aufnimmt.

Durch Qualitätssicherung wird es gelingen, daß der Bewohner nicht mehr der »Versorgte«, sondern unser »Kunde« ist und die qualifizierte Arbeit in der Pflege darstellbar und den Leistungen entsprechend abrechenbar wird.[13]

Deutschland befindet sich im internationalen Vergleich in puncto Qualitätssicherung in der Pflege in einem deutlichen time-lag, und es lohnt in dieser Situation der Blick über die Grenzen der Länder, die Vorreiter in Sachen Qualitätssicherung sind. Hierzu gehört neben den Niederlanden auch Großbritannien, aus dem in diesem Buch exemplarisch ein Modell vorgestellt wird.

Qualität in der stationären Altenpflege

Von dem Papst des Qualitätsmanagements in der Industrie stammt folgendes, etwas frivol klingendes Zitat: »Das Problem der Qualitätssicherung ist nicht das, was die Menschen über Qualität nicht wissen. Das Problem ist das, was sie darüber zu wissen glauben. (...) In dieser Hinsicht hat Qualität viel gemeinsam mit Sex. Jeder ist dafür (unter bestimmten Bedingungen, versteht sich). Jeder glaubt, es zu verstehen (auch wenn er es nicht erklären möchte). Jeder denkt, daß die Ausführung irgendwie naturgegeben ist (schließlich: wir schaffen es fast immer) und – selbstverständlich – die meisten Menschen sind überzeugt, daß alle Probleme auf diesem Gebiet durch andere verursacht sind (wenn bloß der andere es richtig machen würde!)«.[14] Jede Pflegekraft weiß, was sie unter guter Pflege versteht, dies macht gerade ihre Unabhängigkeit aus – nur die Rahmenbedingungen hindern daran, das, was für gut gehalten wird, auch umzusetzen. Es fehlt in der stationären Altenhilfe an einer Verständigung über die Frage »Was ist Qualität?« Diese Frage gerade für die Pflege, hauswirtschaftliche Versorgung und sonstige Sorge um pflegeabhängige Menschen zu beantworten, fällt nicht leicht. Der Begriff ›Qualität‹ wird zumeist subjektiv verwandt und Definitionsversuche klingen häufig mühselig: »Hochqualifizierte Pflege ist die Pflege, die alle relevanten Kenntnisse und Techniken anwendet, die der Gesundheitspflege zur Verfügung stehen«.[15]

Von Donabedian, der erstmals Pflegequalität im Rahmen eines evaluativen Prozesses betrachtete, stammt die Definition: »Qualität ist der Grad der Übereinstimmung zwischen den Zielen des Gesundheitswesens und der wirklichen Pflegeleistung«.[16] Görres faßt den Meinungsstand zusammen, indem er formuliert: »Pflegequalität wird als der Grad an Übereinstimmung zwischen anerkannten Zielen der Berufsgruppe und dem erreichten Erfolg in der Pflege verstanden«.[17] Zu mehr Konkretisierung ist man in der niederländischen Diskussion gelangt, hier wird die Qualität von drei Seiten aus betrachtet:

- *die Qualität des methodisch-technischen Handelns,*
- *die Qualität der Haltung der Berufstätigen,*
- *die Qualität der Organisation der Berufsausübung.*[18]

Anders als in der medizinischen Versorgung, wo ein pragmatischer Qualitätsbegriff, bezogen auf das erreichte Behandlungsziel, Verwendung findet, verschließt sich gerade die Pflege und Versorgung in ganzheitlichem Verständnis einem allein technischen Meßbarkeitsverständnis. Es besteht sogar die Gefahr, daß, auf der Suche nach pragmatischen Qualitätssicherungsmethoden, verengte Sichtweisen von Pflege- und Versorgungsqualität im Sinne der ausschließlichen Perfektionierung einzelner pflegerischer Handlungsabläufe das Anliegen der Pflegequalität konterkariert und den umfassenden Begriff der Pflegequalität verkürzt. Indem lediglich ein Teil pflegerischer Wirklichkeit, die sachlich richtige Durchführung von Pflegetechniken, zum Dreh- und Angelpunkt von Qualität gemacht wird, werden äußere Rahmenbedingungen, die Subjektstellung des Betroffenen und die Qualität der Arbeitsbedingungen der Beschäftigten aus dem Blickwinkel verloren. Dies aber gehört zu einem umfassenden Qualitätsbegriff in der stationären Altenhilfe. Genau an diesem Punkt entzündet sich auch die Diskussion bzw. die Kontroverse um Pflegestandards in der Bundesrepublik.[19]

Dimensionen von Qualität

Die Vielschichtigkeit und Mehrdimensionalität des Qualitätsbegriffs wird in dem auf Donabedian[20] zurückgehenden Modell von drei Qualitätsdimensionen von Pflege mit der Struktur-, Prozess- und Ergebnisqualität deutlich. Die Strukturqualität beschreibt die Bedingungen, unter denen Dienstleistungen erbracht werden.

Hierzu gehören:

- *die organisatorischen, politischen und finanziellen Ressourcen,*
- *die gesellschaftliche Rolle und Situation der Heime,*
- *die Infrastruktur in der stationären Altenhilfe,*
- *die technische Ausstattung, die Qualifikation von Mitarbeitern, die Organisation bis hin zu den Zuständigkeiten der miteinander arbeitenden Berufsgruppen.*

Die Personalbemessung in qualitativer und quantitativer Hinsicht bestimmt nicht unwesentlich die Strukturqualität, es gehören aber auch Fragen der Hierarchie, der Kooperation, der notwendigen oder überflüssigen Abgrenzung zwischen den Berufsgruppen und organisatorischen Richtlinien

Abbildung 2: *Pflegestandard Stösser* ⇨
(aus: Pflegestandards, Adelheid von Stösser, S. 169, Springer Verlag 1993)

ApxK

Klinik Station 7/91

Apoplexie: Kontinenztraining (Blase und Darm)

Stösser Standard

*Das **Selbstwertgefühl** des Patienten leidet mit jedem Erlebnis, eingenäßt oder eingekotet zu haben.*
*Hieraus erklärt sich die extreme **Gefahr der Regression**, deren Verhaltensmuster bereits nach wenigen Tagen beobachtet werden können (= typisches Bild **»Pflegefall«**). Daher sollte vom ersten Tage an **alles daran gesetzt werden,** eine Inkontinenz zu vermeiden bzw. einer bestehenden **entgegenzuwirken.***

Therapeutisch/pflegerische Grundprinzipien:

1. **Keinen Blasenkatheter** legen, bzw. wenn bereits ein solcher gelegt ist, diesen so bald wie möglich entfernen. **Statt dessen**: Einmalunterlage + Moltex-Vorlage oder bei sehr unruhigen, verwirrten Patienten: Windelhose
2. **Genaue Beobachtung und Dokumentation**

Datum	Uhrzeit	Nahrungs- und Flüssigkeitsaufnahme (Art und Menge)	Urinausscheidung	Verdauung

a) **2stündliche Kontrolle der Vorlage** (immer im Zusammenhang mit anderen Pflegemaßnahmen, z. B. lagern)
b) **wenn Vorlage trocken**: dem Patienten (nach Absprache) auf Toilette, Toilettenstuhl oder Steckbecken helfen, evtl. durch leichtes Beklopfen des Unterbauches (Blasenbereich) das Wasserlassen unterstützen.
c) **nach einer Woche: Beobachtungsergebnis auswerten**

3. **Individuellen Zeitplan aufstellen:** Uhrzeiten, zu denen Toilettengang, Nachtstuhl oder Steckbecken angeboten werden (Dokumentation im Pflegeplan)

   Zeitplan möglichst auf die Minute einhalten, Ergebnis **dokumentieren** und einmal pro Woche **auswerten.** (Dokumentation im Pflegebericht)
4. **Wahrnehmung für Ausscheidung trainieren** durch gezielte Fragen oder Aufforderungen: z. B. »Haben Sie das Gefühl, Wasser lassen zu müssen?« oder »Melden Sie sich bitte, sobald Sie etwas spüren!«

Hinweis: Eine konsequente, aber einfühlsame Vorgehensweise führt in der Regel nach etwa 2 bis 4 Wochen zum Erfolg: Kontinenz und Vermeidung der damit verbundenen körperlichen und psychischen Schäden. Damit gleicht sich der anfänglich hohe Pflegeaufwand später wieder aus.

im Bereich der Gesamtorganisation eines Heimes zu Fragen der Strukturqualität.

Prozeßqualität bezieht sich auf die Erbringung der Dienstleistungen. Hierzu gehört die Anamnese, die Planung des Pflege- und Betreuungsprozesses.

Die Ergebnisqualität bezieht sich auf das Resultat der Pflege, also den Zustand, in dem der pflegebedürftige Mensch, der Heimbewohner, sich befindet, seine Zufriedenheit mit der Pflege, sein Wissen über seinen Zustand, sein Verhalten in bezug auf seine Gesundheit, seine Möglichkeiten der selbstbestimmten Lebensführung im Heim.

Für alle drei Qualitätsebenen können Qualitätsforderungen formuliert werden, die als Standards und Kriterien bezeichnet werden. Als Standards werden allgemeine Aussagen über das akzeptierbare Niveau der Pflegeleistungen angesehen. Die Kriterien bilden die meßbaren Elemente der Standards.[21] Die Vereinbarung von Standards und Kriterien ist die Voraussetzung für die Evaluierbarkeit von Dienstleistungen im Heim (Abb. 2, Beispiel eines Prozeß-Standards.)[22]

Qualitätssicherungsmethoden[23]

Wer das menschenwürdige Leben alter Menschen sicherstellen will, muß eine Unternehmensstrategie für das Überleben der sozialen Dienstleistungsunternehmen entwickeln und verwirklichen«.[24]

Ein Qualitätssicherungssystem nun setzt voraus, daß in einem strukturierten System Kriterien und Standards entwickelt werden. Ihre Umsetzung wird trainiert und die Praxis dokumentiert und damit meßbar gemacht und auch gemessen. Insbesondere im Ausland gibt es zahlreiche Qualitätssicherungsverfahren, wobei hier traditionell zwischen internen und externen Qualitätssicherungssystemen unterschieden wird.[25] Unter externer Qualitätssicherung wird die Kontrolle und Messung von Qualität durch Behörden oder Prüfinstitute verstanden. Unter interner Qualitätssicherung die innerbetriebliche, kollegiale Form der Qualitätssicherung. Als Beispiel für eine interne Qualitätssicherungsmaßnahme ist für die bundesdeutsche Situation auf die Projektgruppe Qualitätssicherung des Diakonischen Werks Württemberg und des Caritas-Verbandes für die Erzdiözese Freiburg hinzuweisen, die, orientiert an dem Leitfaden der internationalen Norm DIN ISO 9004 Teil 2, in zwei Pflegeheimen in Baden-Württemberg ein internes Qualitätssicherungssystem entwickelt.[26]

Qualität

Die Gesamtheit von Eigenschaften und Merkmalen eines Produktes oder einer Dienstleistung, die sich auf deren Eignung zur Erfüllung festgelegter oder vorausgesetzter Erfordernisse beziehen (ISO 8402).

Im Mittelpunkt steht ein System von Standards, mit deren Hilfe Altenpflege gesteuert, geplant, durchgeführt und dokumentiert werden kann. Diese Standards werden unabhängig von ihrer Güte als Qualitätssicherung definiert. Die einzelnen zu erbringenden Leistungen werden zwischen Pflegemitarbeitern und Pflegebedürftigen ausgehandelt und vereinbart (Pflegeplanung) und sodann nach Standards, die in einem Pflegelexikon festgelegt wurden, erbracht und gemessen.

Ziele	Beschreibung
1 *Unsere Gäste sollen den Morgen anregend beginnen und sich in Ruhe auf den Tag einstimmen können.*	Die Morgentoilette wird in der Zeit von 06:30 Uhr bis 09:30 Uhr angeboten. Individuelle Wünsche nach dem Zeitpunkt des Aufstehens werden weitgehend berücksichtigt. Bitte vereinbaren Sie mit unseren Mitarbeiterinnen am Vorabend, wenn Sie außerhalb der mit Ihnen vereinbarten Zeit unsere Dienste bei der Morgentoilette in Anspruch nehmen möchten.
2 *Die Morgentoilette soll zum Beginn eines lebensbejahenden Tages einladen.*	Bei Ihrem Einzug in unser Haus sowie bei Bedarf klären Sie bitte mit der verantwortlichen Wohngruppenleiterin, wie Sie geweckt werden möchten (zum Beispiel: Sollen die Rolläden vor oder nach der Morgentoilette hochgezogen werden? Soll das Fenster Ihres Zimmers während der Morgentoilette geschlossen sein? Wollen Sie von Ihrem Wecker oder von uns geweckt werden? Möchten Sie bei der Morgentoilette Musik hören? Wenn ja, was hören Sie morgens gern?) Ebenfalls vereinbaren wir mit Ihnen, wie Sie bei der Morgentoilette entsprechend Ihrer Lebensgewohnheiten unterstützt werden möchten. Beim morgendlichen Aufstehen unterstützen wir Sie, soweit Sie es wünschen und Hilfestellungen erforderlich sind. Wir helfen Ihnen behutsam, Ihren Kreislauf nach der nächtlichen Ruhephase anzuregen und möglichst selbständig den neuen Tag zu beginnen. Nach der Morgentoilette können Sie sich unbeschwert auf Ihr Frühstück freuen, sofern Sie nicht bereits vorher gefrühstückt haben.

Abbildung 3[27]

Ziele	Beschreibung

Im Rahmen der Morgentoilette bieten wir Ihnen folgende Leistungen an:

1. **Körperpflege**
   — Begleitung zum WC
   — Mundpflege
   — Teil- und Ganzkörperwaschungen
   — Rasuren (naß oder elektrisch)
   — Kosmetische Anwendungen für Damen und Herren (z. B. Creme, Parfum, Maniküre, Aftershave)
   — Frisieren

2. **Kontinenz-Programm**
   Im Rahmen des mit Ihnen und auf Ihre besonderen Bedürfnisse abgestimmten Kontinenz-Programms verhelfen Sie sich zu Sicherheit und Unbefangenheit für jeden Morgen.

3. **Ankleiden**
   Auf Wunsch unterstützen wir Sie bei der morgendlichen Auswahl Ihrer Tages-Garderobe und sind Ihnen, soweit erforderlich, beim Ankleiden behilflich. Wir möchten, daß Sie sich in Ihrer Kleidung wohlfühlen und sie Ihrem persönlichen Stil und Ihren Lebensgewohnheiten entspricht.

4. **Abschluß der Morgentoilette**
   Wir richten gemeinsam mit Ihnen Ihr Zimmer für den Vormittag her. Diese Leistung umfaßt täglich
   — das Bettenmachen, ggf. das Bett frisch beziehen, Auflegen der Tagesdecke
   — Aufräumen der benutzten Hilfsmittel
   — Auslegen frischer Handtücher und Waschlappen
   — gebrauchte Wäsche zur Wäscherei bringen
   — Reinigung des Waschbeckens
   — Lüften des Zimmers

Abbildung 3.1

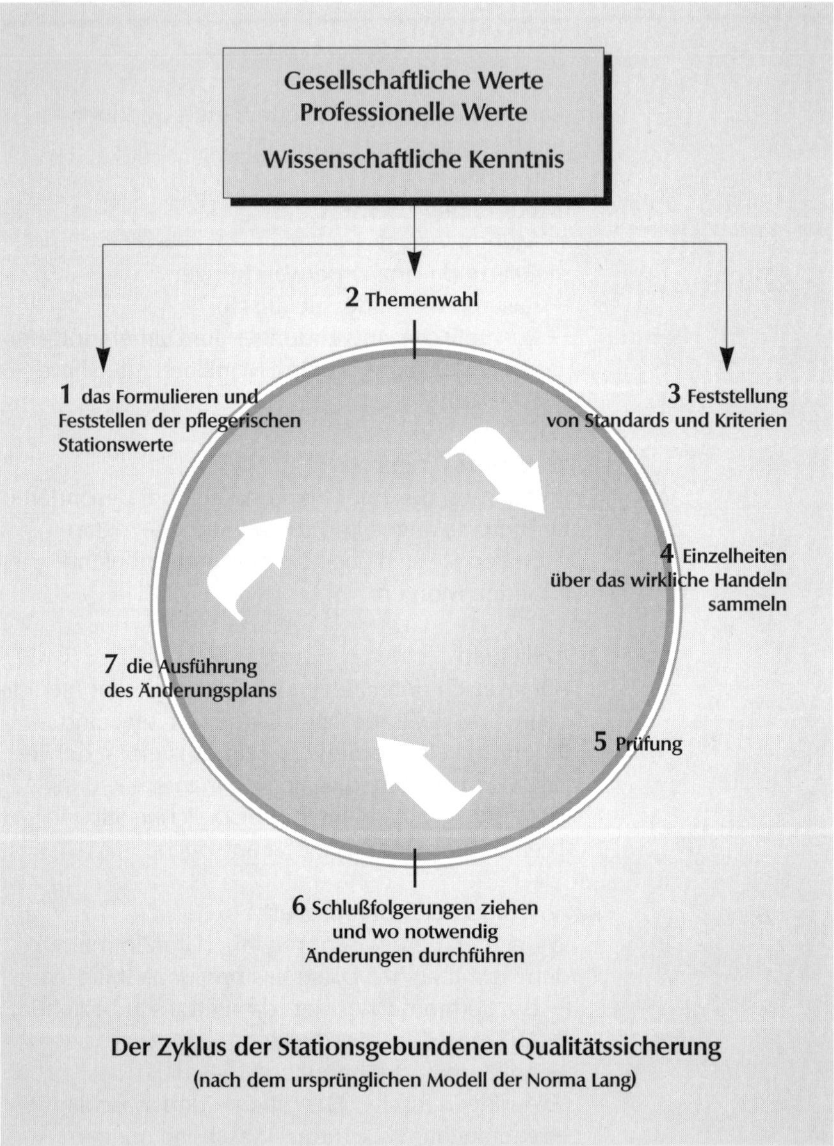

Abbildung 4: *Qualitätszirkel nach CBO*
(aus: DKZ 1992, Kohlhammer Verlag)

Ein Beispiel für interne Qualitätssicherungsmaßnahmen sind sogenannte ›Qualitätszirkel‹,[28] die auch zu externen Qualitätssicherungsmaßnahmen ausgebaut werden können.[29]

Interne Qualitätssicherungsmaßnahmen sind unabdingbar und nach § 80 Abs. 2 SGB XI müssen sich Heime daran beteiligen. Es ist erschreckend, wie wenig verbreitet sie sich im Bereich des Sozial- und Gesundheitswesens finden. Ellis Huber formuliert: »Es ist erstaunlich, daß Dienstleistung am Menschen in ihrer Qualitätsentfaltung, auch bezogen auf menschliche Werte, Einstellungen und Haltungen weiter hinter dem zurückbleibt, was heute in der produzierenden Industrie üblich ist«.[30] So mag die Qualitätssicherungsdiskussion in der stationären Altenhilfe in diesem Sinn wichtige Entwicklungen anstoßen.

Interne versus externe Qualitätssicherung

Nur kann es nicht in das Belieben der jeweiligen Heime gestellt werden, auch kann nicht auf die eigenständige Entwicklung in den beteiligten Berufsgruppen gewartet werden, bis sich interne Qualitätssicherungsmaßnahmen etabliert haben. Es wird, gerade auch im Hinblick auf die Nutzer, die HeimbewohnerInnen, auch externer Qualitätssicherungsmaßnahmen bedürfen, für die die Heimaufsicht als »Agentur für Menschen- und Bürgerrechte in Heimen« in besonderer Weise Verantwortung trägt. Die Pflegeversicherung wird ihrerseits durch Wirtschaftlichkeits- und Qualitätskontrollen, die im Pflegeversicherungsgesetz vorgesehen sind, als externer Qualitätssicherer auftreten. Wichtig erscheint, daß zwischen externen Qualitätssicherern und betroffenen Berufsgruppen und Institutionen Verständigung über Werte, Standards und Kriterien herbeigeführt wird, damit nicht externe Qualitätssicherungsmaßnahmen von den Einrichtungen unter Verweis auf anders geartete Standards abgeblockt werden. Die Bemühungen um eine deutsche Qualitätssicherungskonferenz gehen in diese Richtung.[31] Das englische Vorbild bezüglich der Standards für die Heimversorgung könnte in mancherlei Hinsicht Vorbildcharakter haben. Hier werden, orientiert an gesellschaftlichen Werten, die auch bei uns verfassungsrechtlich verankert sind,[32] nach gemeinsamer ausführlicher Diskussion mit den Normadressaten, Standards für die Heimversorgung entwickelt, die nicht systematisch getrennt sind in die Dimensionen Struktur-, Prozeß- und Ergebnisqualität, sondern sich vielmehr orientieren an den Bedürfnislagen der Betroffenen und insofern die Subjektstellung des Heimbewohners in der Formulierung der Standards und der zur Überprüfung dienenden Fragen reformulieren. Die schriftliche Niederlegung dieser Standards und ihre Veröffentlichung bieten die Möglichkeit für die Einrichtungen selbst, ihre internen Qualitätssicherungsmaßnahmen zu reflektieren und auf die verbindlichen Standards hin zu orientieren. Für die Betroffenen und ihre Angehörigen bieten diese Standards, die im übrigen in England in Buchhandlungen erhältlich sind, so etwas wie die von der eingangs zitierten Seniorenvertretung geforderte Magna Charta der Rechte von BewohnerInnen in Heimen. Für die stationäre Altenhilfe können sie zum wichtigen Baustein einer bewohnerzentrierten Qualitätsentwicklung werden.

Anmerkungen

[1]) Seniorenbeirat einer württembergischen Stadt 1993

[2]) DGGG, Memorandum zur Qualitätssicherung bei Pflegebedürftigkeit, Hamburg 1993

[3]) Späth, Sichert Qualitätssicherung Qualität?, Caritas-Jahrbuch 1994, Freiburg 1993

[4]) so 11 SGB XI

[5]) aus: Mybes/Pfau/Rückert, Zur Organisation pflegerischer Dienste in Altenpflege-/Altenkrankenheimen, Stuttgart 1980, S. 122.

[6]) DZA/KDA, Zukunft der Heime, 1991

[7]) vgl. Hummel, Öffnet die Altersheime, Weinheim 19..; Klie/Pfeil/Langensee, Das mobile Fortbildungsteam, Hamburg 1978

[8]) vgl. Klie/Titz, Aufbruchstimmung in der Heimaufsicht, Frankfurt 1993

[9]) Walter zit. nach: Offermann/Sauerborn/Schlenker, Dienstleistungsstandards für die stationäre Altenhilfe, Stuttgart 1993

[10]) Steppe, Qualitätssicherung in der Pflege, Referat für den 10. Österreichischen Krankenpflege-Kongress am 02.06.1993 in Wien, unveröffentl. Manuskript

[11]) vgl. 80 SGB XI, durch das FKPG in 93 Abs. 2 BSHG aufgenommen

[12]) Sauerborn zit. nach: a. a. O.

[13]) Hasenmaier zit. nach: Offermann et. al., a. a. O.

[14]) Crosby, Quality is free, The art of making quality certain, New York etc., 1979, zitiert nach Garms-Homolowa, Entwicklung von Qualitätskriterien für die Arbeit ambulanter Dienste in: Bosch/Beck, Die Qualitätsfrage in der ambulanten Versorgung, Tagungsdokumentation, Berlin 1991

[15]) Lee und Johns zitiert nach Giebing, Entwicklung von Qualitätskriterien für die Arbeit ambulanter Dienste in: Bosch/Beck, a. a. O.

[16]) zitiert nach Giebing, a. a. O., S. 26

[17]) vgl. Görres, Qualitätszirkel in der Alten- und Krankenpflege, DKZ 1992, S. 337 ff.

[18]) vgl. Giebing, Qualitätssicherung in den Niederlanden – eine Philosophie für die Praxis, in: Die Schwester/Der Pfleger 1991, S. 1109 ff.

[19]) vgl. von Stösser u. Heil-Ferrari in: Klie, Pflegeversicherung und Qualitätssicherung in der Pflege, Hamburg 1993

[20]) Donabedian, Evaluating the quality of medical case in: The Milbank Memorial Fund Chartesty 1966, Nr. 3, S. 166 ff.

[21]) Giebing, Die Schwester/Der Pfleger 1991, S. 1109 ff.

[22]) aus: v. Stösser, Pflegestandards, 2. Aufl. 1993, S. 169

[23]) Eine Übersicht über unterschiedlichste Qualitätssicherungsmethoden und -verfahren geben: Klie/Lörcher, Qualitätssicherung in der stationären und ambulanten Altenhilfe – Einführung, Modelle, Verfahren, Freiburg 1994

[24]) Bandet zit. nach: Offermann et. al., a. a. O.

[25]) Im Konzept des Total Quality Management wird die Unterscheidung zwischen interner und externer Qualitätssicherung aufgehoben, vgl. Total Quality Management in Human Service Organisations, Newbury Park, /London 1993

[26]) Offermann/Sauerborn, Qualität in Pflegeheimen, Stuttgart 1993

[27]) aus Offermann et. al., a. a. O.

[28]) vgl. Görres, DKZ 1992, S. 337 ff.

[29]) vgl. van der Veen in: Klie/Titz, Heimaufsicht, a. a. O., S. 33 ff.

[30]) Huber, Notwendige Schritte zur Qualitätssicherung in der ambulanten Pflege in: Bosch/Beck, a. a. O., S. 99

[31]) vgl. DGGG u. a., Memorandum zur Qualitätssicherung bei Pflegebedürftigkeit, Hamburg 1993

[32]) siehe hierzu Ramin in diesem Band

2. Über den Gebrauch der Prinzipien in »Home Life« und der Matrix von »Homes are for living in« für England und Wales

von Roland Harris mit Unterstützung von Ron Brehaut und der Challenge Organisation

Glossar

Klient – wird vom Sozialamt (Social Services Department) zur Bezeichnung von einer Person verwendet, die die Hilfe des Sozialamtes in Anspruch nimmt.

Bewohner – ist eine Person, die Pflege in einem Pflegeheim erhält, für die sie entweder selbst oder durch Dritte (Sozialhilfe) zahlt, unabhängig von der Art des Pflegeheimes. Bewohner könnten auch gleichzeitig Klienten sein, doch im Sinne dieses Buches wird der Begriff Bewohner verwendet, wenn es sich um einen Menschen handelt, der Pflege in einem Pflegeheim erfährt.

Örtliche Zuständigkeit, Kreisverwaltung oder Kreisrat – bezeichnet die Organisation eines Kreises in einem bestimmten Bezirk, deren gewählte Vertreter Abteilungen leiten wie: Schulen und Erziehung, Straßenbau, Planung, Bauaufsicht, Gesundheitsamt, Öffentliche Anlagen und Büchereien etc. (in manchen Fällen auch die Polizei und die Feuerwehr). Diese Kreise variieren stark in bezug auf ihre geographische Größe und ihre Bevölkerungszahl. Die Populationsgröße reicht von 3 – 4 Millionen bis zu 250 000 Einwohnern in einigen Londoner Stadtteilen. Insgesamt gibt es 108 dieser Kreise.

Inspektionsabteilungen – Kontrollinstanzen innerhalb der zuständigen Sozialämter für alle Pflegeheime und weiteren Dienste, die in den Zuständigkeitsbereich des Sozialamtes fallen.

Key worker (Bezugsperson) – Mitglied der Pflege, das sich intensiv um einige Bewohner (nicht mehr als vier) kümmert. Während der üblichen Pflegetätigkeiten für alle, achtet er besonders darauf, daß »seine« Bewohner regelmäßig gesundheitlich beobachtet und mit passender und angemessener Kleidung ausgestattet werden, daß ihre Räume sauber und aufgeräumt sind etc., und – äußerst wichtig – daß sie sich die Zeit lassen, mit dem einzelnen Bewohner einen Bericht zu erstellen. Hier sollen ihre Bedürfnisse und Wünsche festgehalten werden, um sicherzustellen, daß sie bei Besprechungen sowie im Pflegeplan berücksichtigt werden, wenn der Bewohner nicht in der Lage ist, dies selbst zu tun.

Leitung – die zum Zeitpunkt der Inspektion für die Leitung des Heimes verantwortliche Person.

Gesundheitsministerium – Ein Regierungsministerium, das die örtlich Zuständigen, Gesundheitsbehörden, Sozialämter etc. mit Richtlinien und Ausführungsbestimmungen ausstattet.

Social Services Inspectorate *(SSI im folgenden)* – Ein Regierungsorgan, dessen Aufgabe darin besteht, die Leistungen der Sozialdienste und der örtlich Verantwortlichen zu überwachen.

Sozialhilfe – Eine Regierungsabteilung, zuständig für die finanzielle Unterstützung der Personen, die aufgrund langer Arbeitslosigkeit, Krankheit etc. in Not geraten sind.

Schiedsstelle – Eine Anhörungskommission, bestehend aus drei von der Regierung bestellter Personen, die Einsprüche von Pflegeheimbetreibern gegen Verwaltungsentscheide behandeln. Die Kommission besteht gewöhnlich aus einem Richter oder einer anderen Person vergleichbarer Bedeutung und zwei Experten aus der Heimpflege. Aussagen werden beeidet und beide Parteien haben das Recht, sich anwaltlich vertreten zu lassen. Die Entscheidungen der Schiedsstelle sind in der Regel endgültig, können jedoch aufgrund juristischer Einzelfragen vor Gericht bestritten werden.

Gesundheitsamt – Eine Regierungsabteilung, zuständig für die gesundheitliche Versorgung eines bestimmten Bezirks, nicht immer identisch mit dem politischen Verwaltungsbezirk. Die Gesundheitspflege ist zuständig für die Vorschriften für Krankenanstalten, Kliniken, Ärzte etc.

Gemeinnützige Organisationen – Eingetragene Vereine der Wohlfahrtspflege oder andere Einrichtungen, die Pflegeheime in nicht kommerzieller Weise betreiben wollen.

Zur Geschichte der Pflegeheimregistratur und -inspektion in England und Wales

Allgemeines

Vielleicht ist es hilfreich, zunächst einen allgemeinen Überblick über die Pflegeheimsituation zu geben, bevor die Entwicklungen in der stationären Altenhilfe und die Verwendung von »Home Life« und »Homes are for living in« beschrieben werden.

Das Registrierungsgesetz von 1984 richtete sich zwar nur an England und Wales, doch bewegen sich Schottland und Nord-Irland auf einer vergleichbaren Rechtslage.

In England und Wales existiert eine beträchtliche Bandbreite verschiedener Pflegeheimarten. Viele sind in Privatbesitz, andere in gemeinnütziger und einige in örtlich-öffentlicher Trägerschaft. Es gibt zum Beispiel einen Bezirk in London, in dem mehr als 70 % aller Pflegeheime in privater Hand sind, weitere 10 % werden von gemeinnützigen Organisationen geleitet, während die restlichen 20 % von der Kommune verwaltet werden. Die Heime erscheinen im Vergleich zu deutschen Pflegeheimen als sehr klein, was die Zahl der Personen angeht, die hier gepflegt werden. Um eine angemessene Versorgung der alten Menschen sicherzustellen, bewegen sich die Bettenzahlen in privaten Heimen zwischen 8 und 50, wobei ein 50-Bettenheim außergewöhnlich groß ist. Die Bettenzahl der kommunalen Heime beträgt im Schnitt etwa 40.

Private und gemeinnützige Heime, die nicht alte Menschen versorgen, verfügen in der Regel über weniger als 10 Betten, während die kommunalen Heime für die gleichen Gruppen etwa bis 20 Betten bereitstellen. Mehr als 70 % der stationären Hilfe betrifft alte Menschen.

Zum jetzigen Zeitpunkt werden in allen Altenheimen manchmal mehr als 50 % der Pflegekosten ganz aus den privaten Vermögen und Einkünften der Bewohner gezahlt. Es gibt allerdings auch Unterstützung in der Kommune, wenn das Vermögen des betreffenden Bewohners keine 20 000 DM erreicht. So fließen etwa 85 % der öffentlichen Unterstützung für stationäre Hilfe in den privaten und gemeinnützigen Sektor.

Großbritanniens Hauptpflegeziel richtet sich darauf, alten Menschen das Leben in ihrer eigenen Wohnung, mit den eigenen Familienangehörigen zu ermöglichen. Um dies so lange wie möglich aufrechtzuerhalten, sollen die

Mittel der ambulanten Hilfen, der Tagespflege, der Essensversorgung etc. ausgeschöpft werden.

Die Menschen, die trotz aller o. g. Hilfen nicht mehr in der Lage sind, zu Hause leben zu können, sind dann oft höchst gebrechlich und meist älter als 83 Jahre.

Das Registrierungsgesetz von 1984

Der Entwicklungsprozeß, der zu einer Festlegung von Pflegestandards und -praktiken führte, hat viele Jahre gedauert. Sein wesentlicher Beginn läßt sich an zwei Ereignissen aus dem Jahre 1984 festmachen: Der Verabschiedung des Registrierungsgesetzes und dem Erscheinen von »Home Life: ein Schlüssel zur Praxis stationärer Pflege«. Obwohl 1984 erschienen, wird es auch heute noch als Hauptquelle benutzt, um allen Beteiligten in der stationären Pflege gute Praxis zu vermitteln.

> *Ständig wachsender Besorgnis über die Pflegequalität folgend verabschiedete das Parlament 1984 eine Gesetzesvorlage mit dem Titel:* ***Heimregistrierungsgesetz*** *(Registered Homes Act).*
> *Dieses Gesetz trat am 1. Januar 1985 in Kraft. Es hatte bereits früher Bestimmungen für Pflegeheime gegeben, doch waren die sehr begrenzt und mit geringem Durchsetzungspotential ausgestattet, um Unterlassungen zu sanktionieren.*

Dieser Teil des Buches konzentriert sich ausschließlich auf den Teil des Gesetzes, der die Pflegeheime betrifft. Krankenanstalten werden von den örtlichen Gesundheitsämtern registriert und kontrolliert.

Als Folge des Gesetzes gründeten die Kommunen in ihren Sozialämtern Registrierungsabteilungen aus denen 1991 dann Inspektionsabteilungen wurden. Es gibt in England und Wales 108 Inspektionsabteilungen, deren ursprüngliche Aufgaben die Registrierung und Kontrolle von Pflegeheimen waren. Mittlerweile (seit 1991) hat sich das Aufgabenfeld auf weitere Aspekte Sozialer Dienste ausgeweitet wie häusliche Pflege, Familienpflege, Rettungsdienste etc., und die meisten Inspektionsabteilungen verfügen jetzt auch über einen Beamten, der für Beschwerden zuständig ist. Er ist verantwortlich für die Bearbeitung von Beschwerden durch Klienten oder ihrer Vertreter über die Arbeit der örtlichen Sozialämter.

Ein Pflegeheim in England und Wales ist laut Registrierungsgesetz von 1984:
»Jede Einrichtung, die stationäre Unterkunft mit Verpflegung und persönlicher Pflege für Personen bereitstellt, die aufgrund des Alters, Behinderung, vergangener oder momentaner Abhängigkeit von Alkohol oder Drogen, oder aufgrund vorhergehender oder momentaner geistiger Verwirrtheit persönliche Pflege benötigen.«

Das Registrierungsgesetz ist zuständig für alle Pflegeheime (außer Kinderheime, Internate, die unter das Kinderschutzgesetz von 1989 fallen) in England und Wales, die vier oder mehr Personen pflegen und verpflichten diese Heime zur Registrierung und zur Einhaltung bestimmter Regularien. Ein privates oder gemeinnütziges Heim kann nur betrieben werden, wenn es registriert und darüber eine Bestätigung ausgehändigt wurde. Jede Änderung der Trägerschaft, des Managements oder der Bettenzahl erfordert eine Neuregistrierung.

Seit April 1993 sind auch Heime, die drei oder sogar weniger Personen pflegen, zur Registrierung verpflichtet; allerdings unterliegen sie nicht der jährlichen Inspektion wie Heime für vier und mehr Personen.

Diese werden pro Jahr zweimal inspiziert, einmal mit Anmeldung und einmal ohne Vorankündigung. (Anmerkung: Die Erfordernis für eine angemeldete und eine unangemeldete Inspektion in Heimen mit vier oder mehr Bewohnern wurde vom Gesetzgeber dahingehend geändert, daß Heime mit drei oder weniger Bewohnern »nicht weniger als zweimal innerhalb von zwölf Monaten« kontrolliert werden sollen. Diese geringfügige Änderung wurde wahrscheinlich veranlaßt, um der Aufsichtsbehörde mehr Flexibilität zu ermöglichen. Dennoch werden von den meisten Behörden weiterhin zweimal jährlich die angekündigten und nichtangekündigten Inspektionen durchgeführt.)

Ein Heim, das Anlaß zu erheblicher Besorgnis gibt, kann so oft, wie es für notwendig erachtet wird, kontrolliert werden. Inspekteure haben Zutrittsrecht zu jeder vertretbaren Zeit und das Recht, private Heime unter Umständen sofort zu schließen, wenn das Leben, die Gesundheit und die Versorgung der Bewohner akut gefährdet sind. Wenn in anderen Fällen der Betrieb eines Heimes Anlaß zur Besorgnis gibt, erfolgt die Schließung nicht unmittelbar.

Gegen solche Entscheidungen gibt es eine Reihe von Beschwerdeformen. Im übrigen ist es unüblich, daß ein Heim unmittelbar während des

Betriebs geschlossen wird, es sei denn, das Wohlergehen der Bewohner ist ernsthaft gefährdet durch erwiesene Vernachlässigung oder Mißbrauch, Personalmangel, Mißachtung der Brandschutzvorkehrungen, finanziellem Mißmanagement oder Verhinderung von Strom- und Wasserzufuhr. Das schlußendlich letzte Beschwerdeinstrument ist die Anhörung durch das Schiedsgericht, das auch über Beschwerden von Betreibern entscheidet, wenn die Aufsichtsbehörde sich weigert, ein neues Heim zu registrieren oder die Erweiterung eines bestehenden nicht zuläßt.

Im April 1992 instruierte die Regierung die kommunalen Behörden, ihre eigenen Heime auf der gleichen Basis wie die privaten und gemeinnützigen Heimen zu inspizieren, allerdings haben sie keine Möglichkeit, ihre eigenen Heime zu schließen und vertrauen auf den öffentlichen Druck, um Fehlverhalten und schlechte Pflege zu korrigieren.

Die Regeln

Das Registrierungsgesetz von 1984 gab dem Minister das Recht, Regeln für die Führung von Pflegeheimen zu erlassen. Dies geschah im Zusammenhang mit dem Inkrafttreten des Gesetzes. Sie enthalten die detaillierten Erfordernisse für den Betrieb eines Pflegeheimes.

> *Einige dieser Regeln bieten eine gute allgemeine Orientierung wie:*
> *»**Regel 9.(1)** Der Heimträger soll für das zu leitende Heim klare Vorkehrungen für Wohlbefinden, Pflege, und wo angebracht, für Behandlung und Betreuung der Bewohner treffen.*
> ***Regel 9.(2)** Bei Entscheidungen, die einen Bewohner betreffen, soll der Heimträger vor allem die Schutzbedürftigkeit, die Unterstützung des Wohlergehens und soll, soweit wie möglich, die Wünsche und Gefühle der Bewohner feststellen und ihnen Rechnung tragen unter Berücksichtigung des Alters und der Verständnisfähigkeit des Bewohners«.*
> *und*
> *»**Regel 9.(3)** Jedes Heim soll auf der Basis von guten persönlichen und beruflichen Beziehungen zwischen dem Heimträger, den Beschäftigten und den Bewohnern betrieben werden«.*

Allerdings sind auch viele der Begriffe, auf die sich die Regeln stützen, sehr allgemein. Paragraphen wie:

*»**Regel 10.(1)(a)** Stellen Sie soviel geeignetes, qualifiziertes und kompetentes Personal für den Tages-, und wenn nötig für den Nachtdienst ein, daß es dem Wohlergehen der Bewohner angemessen ist.*
***Regel 10.(1)(b)** Stellen Sie für jeden Bewohner Tag und Nacht genügend Platz und eine sichere Unterkunft zur Verfügung.*
***Regel 10.(1)(c)** Sorgen Sie für angemessene und angebrachte Möblierung.*
***Regel 10.(1)(f)** Sorgen Sie für angemessene Beleuchtung, Heizung und Belüftung.*
***Regel 10.(1)(g)** Halten Sie alle Bereiche des Heims . . . sauber und gemütlich eingerichtet.*
***Regel 10.(1)(h)** Treffen Sie angemessene Brandschutzvorkehrungen.*
***Regel 10.(1)(o)** Schaffen Sie die Möglichkeiten dafür, daß jeder Besucher mit jedem Bewohner privat sprechen kann.«*

Solche Regeln sind unverbindlich und bieten den Inspekteuren ungenügende Standards, während andere Regeln auf den ersten Blick sehr präzise zu sein scheinen, dann aber auf eine vielfältige Weise interpretierbar sind.

Ein einfaches Beispiel:

*»**Regel 10.(1)(s)** Sorgen Sie für eine Stelle, an der Wertsachen der Bewohner sicher aufbewahrt werden können.«*

Bedeutet »sicher« im Zimmer des Bewohners oder ganz allgemein im Pflegeheim? Wenn sich der Aufbewahrungsort außerhalb der Kontrolle durch den Bewohner befindet, muß dann der Betreiber oder Manager rund um die Uhr zur Verfügung stehen, um auf Nachfrage des Bewohners die hinterlegten Wertsachen verfügbar zu machen? Ist ein einfach verschlossener Schrank in einem nichtverschlossenen Zimmer, daß dem Personal, Verwandten und anderen Bewohnern zugänglich ist, ein angebrachter Aufbewahrungsort?

Physikalische Standards (Gebäude, Personalgröße etc.) sind leicht zu quantifizieren und zu prüfen und sind auch Grundlage für eine Anzahl anderer Gesetzesvorschriften, die sich mit Brandschutz, Gesundheitsversorgung und Bauaufsicht befassen. Dagegen sind Standards der Beziehungspflege schon immer sehr schwer zu definieren, zu überprüfen und in einen Zusammenhang mit den praktischen Aspekten der Pflege zu bringen.

Aus diesem Grund überließen die Regeln den Inspekteuren die Verantwortung ohne Richtlinien oder Standards, an denen sie Pflegeversorgung hätten messen können.

Um eine vernünftige und praktikable Auslegung des Gesetzes und der Regeln zu ermöglichen, gaben alle kommunalen Verwaltungen Richtlinien für Betreiber und Manager von Pflegeheimen heraus. Einige Verwaltungen arbeiteten zusammen (so haben z. B. in London 31 Stadtbezirke ein gemeinsames Richtlinienpaket erarbeitet), während andere ihr individuelles Anweisungspapier herausgaben. Alle haben sich mit den privaten und gemeinnützigen Pflegebereichen beraten, um eine gemeinsame Sichtweise zu finden.

Leben im Heim (Home Life)

Leben im Heim – ein Praxiskodex für die stationäre Pflege – wurde 1984 zum erstenmal veröffentlicht. Es ist der Bericht einer Arbeitsgruppe, die vom Gesundheits- und Sozialministerium unterstützt und vom Zentrum für Altenpolitik (Centre for Policy on Ageing) ins Leben gerufen worden war.

»Leben im Heim« mißt dem Begriff Lebensqualität große Bedeutung bei, wie der folgende Auszug aus dem Vorwort zur dritten Auflage 1986 durch den Vorsitzenden unterstreicht:

»Lebensqualität ebenso wie Pflegequalität im engsten Sinne, wird zum größten Teil durch die Einstellungen der Betreiber, Manager und der Belegschaft auf allen Ebenen geprägt. Aus diesem Grund legt der Praxiskodex beträchtlichen Wert auf das Fundament durch eine Pflegephilosophie und auf die Grundsätze, die der Philosophie Substanz verleihen. Vorstellungen wie Privatheit, Selbständigkeit, Individualität, Wertschätzung, Wahlfreiheit und verantwortbares Risiko bilden Grundlage und Beziehungspunkte einer guten Praxis, und die Überwachung dieser Grundsätze in allen möglichen Bedingungen ist in sich selbst gute Praxis. Der Härtetest jedoch besteht darin, diese Prinzipien in die Praxis umzusetzen. Es ist einfach, Lippenbekenntnisse zu Prinzipien abzugeben und dann den Mangel an Ressourcen, den Zustand des Anwesens oder die Bedürfnisse von Bewohnern als Vorwand zu verwenden, um sich von diesen Prinzipien wieder zu verabschieden.

Der Kodex basiert auf der Überzeugung aller Mitglieder der Arbeitsgemeinschaft, daß es genügend gemeinsame Elemente einer guten Pflege gibt, ebenso wie es genügend Bedürfnisse und Rechte gibt, die von den Bewohnern geteilt werden, so daß es unnötig und nicht erstrebenswert ist, einzelnen Klientengruppen zu große Bedeutung zukommen zu lassen. Es besteht die Gefahr, daß Heime und die Personen, die diese anmelden und betreiben wollen, abgestempelt werden. Es gibt inzwischen ermutigende Beweise in vielen Teilen, daß der Registrierungsprozeß und die Akzeptierung des Praxiskodex direkt zu einer Reihe von Verbesserungen und Änderungen in öffentlichen Heimen geführt haben.«

Der Kodex unterstützt die Behörden, die Betreiber und Manager, ihre Richtlinien besonders im Hinblick auf die Beziehungspflege zu präzisieren. Die Prinzipien Selbstverwirklichung, Würde, Wahlfreiheit, Privatheit, Rechtssicherheit und Unabhängigkeit wurden langsam als Begriffe einer übergreifenden Lebensqualität verstanden, die ein Bewohner eines Pflegeheimes zu erwarten habe und einige Details kristallisieren sich in der alltäglichen Praxis bereits aus den Philosophien heraus.

Der Gebrauch der Prinzipien in den Anhörungsentscheidungen

Wie bereits erwähnt, gibt es ein Schiedsgericht, das die Leitung eines privaten oder gemeinnützigen Heimes im Streitfall anrufen kann. Es hat etliche Anhörungen gegeben, in dem das Gericht seine Entscheidungen von der der Praxis abhängig gemacht hat, wie sie in »Leben im Heim« beschrieben ist.

Die folgenden Texte sind Auszüge aus Beratungen und Entscheidungen des Schiedsgerichtes:

1) Entscheidung Nummer 126

Bei dieser Anhörung ging es um eine schwierige Frage, die für die stationäre Altenpflege von großer Bedeutung ist. Die Frage beschäftigte sich damit, ob ein Fernsehbeobachtungssystem überhaupt in einem Heim eingerichtet werden dürfe.
Während einer Heimvisite hatte ein Inspektor einige elektrische Kabel bemerkt und herausgefunden, daß der Betreiber ein Fernsehüberwachungssystem in den Korridoren und an den Treppen zur Unterstützung der Tag- besonders der Nachtwachen installieren wollte.
Die Behörde untersagte diese Installation mit der Begründung, daß dies der Pflegephilosophie in den Heimen, die sie registrieren, widerspräche.

Die Behörde behauptete, daß die »Privatheit bei der Eingangstüre beginne«, während der Betreiber zu bedenken gab, daß es bestimmte Bereiche des Heims gäbe (wie Aufenthaltsräume und Flure), die öffentlich seien und nicht als »privat« verstanden werden könnten, zumal sie auch Lieferanten, Reinigungspersonal, Verwandten und Besuchern offen stünden. Weiterhin argumentierte der Betreiber, daß die Kameras dem Personal ermöglichten, Problemzonen im Hinblick auf die Sicherheit der Bewohner zu beobachten und er glaube auch nicht, daß die Kameras das Erscheinungsbild des Heimes beeinträchtigen, wo doch andere Installationen, wie Brandschutztüren, Feuerlöscher, Rauchmelder und sonstige Einrichtungen dem Institutionalisierungscharakter eines Heimes eher zuzurechnen seien.

Das Schiedsgericht unterstützte die Ansicht der Behörde und schloß sich der Auffassung an, daß das »Recht auf Privatheit« an der Eingangstüre beginnt und daß es geradezu zwangsläufig Bereiche in einem Heim gibt, die nicht eindeutig und in jedem Falle entweder »privat« oder »öffentlich« sind, weil deren »Privatheit« abhängig ist von dem Sinn und Zweck ihrer jeweiligen tatsächlichen Verwendung.

Nach Meinung des Schiedsgerichts haben Kameras in einem gutorganisierten Heim praktisch keine Vorteile zu bieten – auch nicht nachts. Sie reduzieren weder das Risiko noch die Unfallgefahr. Der Nutzen einer Kamera hängt davon ab, ob ein Sturz in ihrem Sichtfeld passiert und ob sich in einem solchen Fall überhaupt jemand im Beobachtungsraum aufhält und tatsächlich im Moment des Vorfalls auch auf den Bildschirm schaut. Weiterhin wird unterstellt, daß der Betroffene vielleicht nicht in der Lage ist, auf sich aufmerksam zu machen und daß seine Notlage unbeobachtet und ungehört von anderen Bewohnern bleibt.

Das Schiedsgericht zog auch in Betracht, daß Kameras das Personal besonders nachts verleiten könnten, den Dienst weniger aufmerksam und personenbezogen zu verrichten – eine Tendenz, die nur schwer nachweisbar und zu verhindern ist, außer vielleicht durch sehr strenge Überwachung.

Schließlich strich das Schiedsgericht heraus, daß es von vitaler Bedeutung sei, zwischen notwendigem Eingriff in das Recht auf Privatheit aus positiven und substantiellen Gründen, die mit dem Wohlergehen des Bewohners eng verbunden sind zu unterscheiden, und Eingriff als Folge einer zweifelhaften Beobachtung durch eine Kamera, die mehr dem Personal und dem Management nützlich ist.

Das Schiedsgericht untersagte dem Betreiber die Installation von Kameras im Heim. Ein Zuwiderhandeln würde als so gravierend bewertet, daß es das Pflegeheim als zum Betrieb ungeeignet erscheinen lassen würde.

2) Entscheidung Nummer 145

In dieser Anhörung widersprach ein angehender Betreiber eines geplanten Pflegeheimes der Ablehnung seines Registrationsantrages für ein Heim, das 12 alten Menschen Unterkunft und Pflege gewähren sollte.
Das Heim sollte sich am Ende einer Straße mit einzelnen Eigenheimen auf der einen Seite und einem Golfplatz auf der gegenüberliegenden Straßenseite befinden. Die Straße führt von dort aus direkt in ein Naturschutzgebiet. Vom Heim zurück zum nächsten Ort gab es auf den ersten fünfhundert Metern keinen Fußweg. Das Schiedsgericht ließ den Verkehrsfluß auf diesem Stück beobachten und stellte ein erhebliches Verkehrsaufkommen mit hohen Geschwindigkeiten fest.
Der nächste Postkasten war achthundert, das Gebäude des Golfklubs zwölfhundert und ein Hotel (geöffnet für Nicht-Bewohner) vierzehnhundert Meter vom geplanten Heim entfernt. Das nächste Geschäft war erst nach zwei Kilometern erreichbar. Auch gab es keine Buslinie.
Nach Ansicht der Behörde beeinträchtigten die großen Entfernungen zu diesen Einrichtungen die Wahl des Heimeintritts so stark, daß die Bewohner nicht Teil der Gemeinde hätten werden können. Weiterhin erwiesen sich die Straße und der Zugang zum Heim als sehr unsicher für alte Menschen. Zusammengefaßt bedeuteten diese Fakten, daß die Lage für die Ansiedlung eines Pflegeheimes ungeeignet sei.
Der Besitzer argumentierte, daß die Bewohner in den Pflegeheimen seien, weil sie sich nicht mehr um sich selbst kümmern, und daß sie deshalb normalerweise auch nicht mehr an der Gemeinschaft teilnehmen könnten. Darum sei es sicherer für sie, ein Transportsystem einzurichten, das sie zu den gewünschten Einrichtungen bringe, als sie sich selbst zu überlassen. Im übrigen würde die Versagung der Genehmigung eine Beeinträchtigung der Wahlfreiheit derer bedeuten, die sich ein Pflegeheim mit angenehmer Unterkunft und Garten in der Nähe eines Golfgeländes und Vogelparadieses wünschten, das durch ein Mini-Bussystem an alle Einrichtungen angebunden ist. Hierauf hätten sie ein Recht.

Das Schiedsgericht entschied einstimmig, daß Bewohner von Pflegeheimen das Recht besäßen, ihre Unabhängigkeit solange wie möglich auszuüben.
Es müsse Anregungen, Ermutigungen und Gelegenheiten geben, die den Bewohnern ermöglichen, diese Wahlfreiheit auch auszuüben und an der Gemeinschaft teilzunehmen, wann immer sie es wünschen. Das Schiedsgericht war überzeugt, daß die geographische Lage des geplanten Heimes es den Bewohnern ganz allgemein schwer machen würde, Teil der Gemeinde zu werden.
Nach Ansicht des Schiedsgerichts sollte ein Heim so gelegen sein, daß die Bewohner die freie Wahl haben, die Einrichtungen der Gemeinde zu nutzen oder es zu lassen. Unabhängigkeit kann nicht quantifiziert werden, d. h., wieviele Bewohner eines Pflegeheimes gehen aus, sondern muß mit Qualitätsmaßstäben gemessen werden, d. h., können sie die Gemeinschaft genießen und Teil davon sein, wenn sie es wünschen?

Deshalb wurde die Entscheidung der Behörde bestätigt und die Eröffnung des Heimes untersagt.

3) Entscheidung Nummer 147

Dieser Anhörung betraf die Schließung eines Heimes für acht Bewohner mit Lernschwierigkeiten wegen mangelnder Pflegequalität, fehlender Aufzeichnungen, Unfähigkeit, einen geeigneten Manager zu verpflichten und schlechter Lebensqualität. Ohne hier die Anhörung detailliert darzustellen, soll hier eine bemerkenswerte Begründung zur Lebensqualität zitiert werden:

»Qualität des Lebens und der Pflege.
Ein Wort das mittlerweile im Zusammenhang mit der stationären Pflege allgemein bezeichnend geworden ist lautet »warehousing«, deutsch »Lagerhaltung« und besagt, daß dort die Bewohner sauber, satt und warm gehalten und vor den Fernseher gesetzt werden. In seinen schlimmsten Ausprägungen ist »warehousing« offensichtlich unbefriedigend, aber wir beschäftigen uns hier nicht mit einer der schlimmsten Ausprägungen. Der Betreiber erscheint uns als eine freundliche Person und viele Verwandte wandten sich an uns, um uns ihre Übereinstimmung mit der Pflege in seinem Heim zu bekunden. Die zuständige Behörde hat betont, daß das

Leben im Heim keinen höheren Pflegestandard erfordert als die häusliche Pflege durch Angehörige. Verwandte sind äußerst willkommen und deren Besuch wird für das Wohlergehen des Bewohners für wichtiger erachtet, als der Besuch von Bekannten.
Trotz dieser starken Argumente zugunsten des Betreibers muß festgestellt werden, daß Anregungen für die Bewohner fast völlig fehlen. Gute Pflegepraxis bedeutet nicht, ein Heim wie ein allzu herzliches Ferienlager zu führen, sondern verlangt, daß Bewohner als Individuen behandelt und ihre individuellen Interessen und Bedürfnisse unterstützt werden. Der Besitzer und die Verwandten, die hier ausgesagt haben, bekräftigten, daß es Anregungen unterschiedlichster Art gegeben hätte, daß die Bewohner darauf aber nicht reagiert hätten und von daher zufrieden seien. Aber diese Bewohner erleben einen gleichförmigen Tagesablauf in dem es, abgesehen von Verwandtenbesuchen, keine Anregungen der Art gibt, die man mit »Würze des Lebens« bezeichnen könnte. Die Aussagen und unsere Inspektion hinterließen den Eindruck einer guten geriatrischen Klinik, jedoch nicht eines guten Pflegeheimes.«

Das Schiedsgericht bestätigte die Entscheidung der Behörde, das Heim zu schließen.

4) Entscheidung Nummer 175

Diese Anhörung resultierte aus dem Antrag eines Eigentümers eines Krankenpflegeheimes gegen die Ablehnung des Gesundheitsamtes, drei zusätzliche Betten zu genehmigen, mit dem das Heim von 14 auf 17 Betten aufgestockt worden wäre.

Die Kernaussage des Eigentümers war, daß die Ablehnung durch das Gesundheitsamt unbegründet sei, denn es gäbe genügend Schlafräume und Aufenthaltsmöglichkeiten im gesamten Heim. Der bestehende Hauptaufenthaltsraum sei zwar nur für 14 Personen ausgelegt, doch gäbe es zusätzlichen Platz auf den Treppenabsätzen und im Eingangsbereich.

Das Gesundheitsamt hob hervor, daß der Platz für die Tagespflege, wie er vom Eigentümer angegeben sei, ungenügend und ungeeignet erscheine. Die Richtlinien würden den Umfang des Platzbedarfs für Tagespflege eindeutig beschreiben und im übrigen hätten sie schon eine größere Anzahl von Bewohnern zugelassen als platzmäßig eigentlich vorgeschrieben sei.

Das Schiedsgericht besuchte das Heim und gab folgende Entscheidung bekannt:

Das Schiedsgericht hatte keine Schwierigkeit einstimmig zu entscheiden, daß die Umstände zum Zeitpunkt der Anhörung und insbesondere der Tagespflegeplatz den Bedürfnissen von 17 Bewohnern nicht gerecht werden können. Der vorhandene Tagespflegeplatz ist zu klein.
Die Tatsache, daß viele Bewohner bettlägerig seien und von daher den Aufenthaltsraum nicht wählen würden bzw. könnten, rechtfertigt nicht einen Tagespflegeplatz, der für 14 Personen kaum ausreicht. Die Wahl zu sitzen und zu essen, wo man will, muß immer gewährleistet sein und das Schiedsgericht war der Überzeugung, daß diese Wahlfreiheit bisher gegeben war.
Das Schiedsgericht konnte sich auch nicht dem Argument anschließen, daß Aufenthaltsraum, plus Treppenabsätze, plus Eingangshalle und etwaiger Platz in den Zimmern der Bewohner die Erfordernisse des Gesundheitsamtes insgesamt erfüllen können. Der eigene Wohnbereich der Bewohner gehört ihnen allein und gibt ihnen die Freiheit der Wahl entweder allein zu sein oder Besucher einzuladen, um mit ihnen diesen Bereich zu teilen. Der Tagesaufenthaltsbereich muß nicht unbedingt ein einzelner Raum sein, sollte jedoch ausreichend Platz bieten, um die freie Wahl haben zu können, in kleinen Gruppen zu sitzen, deren Zusammensetzung sich je nach Belieben ändern kann, an Aktivitäten teilzunehmen, behaglich und sicher essen zu können, die sozialen Kontakte gemeinsamer Mahlzeiten genießen zu können, statt gezwungen zu sein, allein im eigenen Zimmer zu essen usw.
Das Schiedsgericht hielt deshalb den Tagesbereich bereits für 14 Personen kaum für ausreichend und erst recht nicht für zusätzliche 3 Personen. Die Entscheidung des Gesundheitsamtes wurde aufrechterhalten.

Kommentare zu den Anhörungen

Auch wenn Entscheidungen des Schiedsgerichtes keine rechtsbindenden »Präzedenzfälle« (engl.: »case law«) sind und jeder einzelne Fall als eigenständig betrachtet wird, reflektieren und betonen sie doch die vorrangige Notwendigkeit von Prinzipien einer guten Pflege bei der Beurteilung von Geschehnissen und Entwicklungen, die das Leben von Heimbewohnern betreffen.

Entscheidungen des Schiedsgerichts haben die Beamten der Heimaufsicht in ihrer Arbeit bestärkt und das Zitieren von Entscheidungen kann oftmals die Leitung von Heimen dazu bewegen, ihre Betrachtungsweise zu ändern und Pflegepraktiken zu ändern, wenn Korrekturen angebracht sind.

Heime sind zum Leben da

1989 veröffentlichte das Gesundheitsministerium »Homes are for living in« und reagierte damit auf Befürchtungen, daß sich die Aufsichtsmethoden und die ihnen zugrunde liegenden Standards nicht weiterentwickelten. Mitglieder der Regierung, der Aufsichtsbehörden und der Sozialämter gründeten 1988 zusammen ein Projekt-Team, das hier Abhilfe schaffen sollte.

Die Arbeitsgruppe wurde von den bereits in »Home Life« und »A Positive Choice« (London 1988) dargestellten Prinzipien beeinflußt.

»Homes are for living in« führt die Prinzipien von Würde, Wahlfreiheit, Selbstverwirklichung, Privatheit, Unabhängigkeit und Bürgerrechte als Resultate einer guten Pflege auf, aber noch wichtiger, verbindet in einer Matrix jedes Prinzip mit den jeweiligen Faktoren, das es berührt.

Jeder Faktor muß untersucht und befriedigend erfüllt sein, um sicherzustellen, daß die Prinzipien angenommen und ausgebaut werden.

Das Wort »living« steht in Großbuchstaben auf dem Buchdeckel, um alle daran zu erinnern, daß die stationäre Pflege der Bedeutung der Lebensqualität gerecht werden soll und nicht nur der physischen Pflege.

Das Buch erzielte eine große Wirkung, indem es in Bereichen klärend wirkte, wo Inspekteure, Eigentümer und Manager erhebliche Schwierigkeiten hatten.

Zu häufig wurden Bewohner pauschal vom Personal behandelt, indem Entscheidungen zum »Wohle« der Mehrheit getroffen und dadurch die individuellen Bedürfnisse ignoriert wurden.

»Homes are for living in« stellte die Prinzipien in einen Kontext und formte daraus eine Arbeitshilfe für Heimaufsichtsbeamte, Manager und Personal. Es wurde allgemein im Bereich der stationären Pflege sehr begrüßt und fand besonders viel Anklang bei den Inspekteuren der Heimaufsicht.

Die Einführung von »Homes are for living in«

Behörden und angesehene Organisationen der stationären Hilfe erkannten sehr schnell die Bedeutung dieses Buches und sorgten für eine rasche Verbreitung und Kenntnisnahme. Ausbildungseinrichtungen setzten die Informationen umgehend in den Konzepten ihrer Kurse für die Ausbildung von Pflegepersonal für den stationären Bereich um.

Wenn man bedenkt, daß »Homes are for living in« erst 1989 erschienen ist, so fanden die Informationen, die es enthält, bemerkenswert schnell Eingang in die stationäre Pflegekultur.

Es gibt natürlich eine Reihe von Eigentümern und Managern, die sich mit Veränderungen schwer tun. Das hält Inspekteure allerdings nicht davon ab, ihre Inspektionsmethoden nach der Matrix aus »Homes are for living in« auszurichten und die Ergebnisse ihrer Untersuchung auf dieser Basis mit den Betreibern zu diskutieren.

Obwohl der Zustand eines Gebäudes wichtig ist, besteht kein Zweifel, daß das Personal der bedeutendste Bestandteil eines Pflegeheimes ist. Der größte Teil der Pflegequalität beruht auf ihren Einstellungen, Einsichten, Fertigkeiten, Erfahrungen, Qualifikationen und ihrer Ausbildung. Deswegen wird die Zukunft der Ausbildung in der Pflege vom wachsenden Einfluß und Umsetzung der Inhalte von »Homes are for living in« abhängen.

Die Werte, die in »Homes are for living in« ausgeführt worden sind, werden bereits zufriedenstellend in Kinderheimen und Internaten beachtet.

Die Eröffnung eines neuen Pflegeheimes – Registrierungsantrag

Der Antrag auf Genehmigung für ein Pflegeheim, für einen Eigentümerwechsel oder für die Erhöhung der Bewohnerzahl ist eine exzellente Gelegenheit für die Heimaufsicht sicherzustellen, daß die ersten Schritte in Richtung auf Qualität in der Pflege bereits unternommen wurden. Sorgfältige Vorarbeit in diesem Stadium zahlt sich aus, wenn das Heim in Betrieb ist.

Die Registrierung eines Pflegeheimes ist ein Prüfungsverfahren und geschieht nicht automatisch.

Ganz allgemein erhofft sich die Heimaufsicht solide Leute, die ein solides Gebäude mit soliden Konzepten leiten und mit den ihnen anvertrauten Menschen dementsprechend umgehen.

Neben anderen Unterlagen müssen die Betreiber eine schriftliche Darlegung der Standards vorlegen, nach denen ihre Manager und ihr Personal sich richten sollen.

Darin muß enthalten sein:

- *eine Beschreibung des Heimes,*
- *Ziele und Absichten,*
- *Heimverträge mit den Bewohnern,*
- *Beschwerdeverfahren,*
- *Aufnahmeverfahren,*
- *Aufgabenbeschreibungen für das Personal,*
- *Schichtpläne,*
- *Gesundheits- und Sicherheitsvorkehrungen,*
- *Chancengleichheitserklärung (für Personal und Bewohner).*

Jedes dieser Papiere soll auf die Übereinstimmung mit der Philosophie und den Konzepten aus »Homes are for living in« hin untersucht werden, um sicher zu gehen, daß sie klare Zeichen für Bewohner, Verwandte und Personal im Hinblick auf die Rechte der Bewohner setzen.

Der angehende Betreiber und Manager des geplanten Heims muß »Home Life« gelesen haben und wird von der Zulassungsbehörde über seine Kenntnisse und seine Verpflichtung gegenüber den dort aufgeführten Werten befragt.

Der Manager und seine Vertreter müssen über relevante Qualifikationen und Erfahrungen mit der betreffenden Klientengruppe verfügen.

Der Inspektionsvorgang

Der Inspektionsvorgang, der von der Heimaufsicht durchgeführt wird, bedarf einer besonderen Betrachtung, ehe wir fortfahren. Das Verfahren variiert zwar von Behörde zu Behörde, doch ist die Intention immer die Gleiche. Nämlich:

Sicherzustellen, daß die Bewohner die Pflege erhalten, die ihren Bedürfnissen angemessen ist, und das in einer Art und Weise, die von ihnen akzeptiert wird.

Das Inspektionsverfahren ist das Hauptinstrument für die Heimaufsicht, um die Gesamterscheinung eines Pflegeheimes, seiner tatsächlichen Pflegeleistung zu beobachten und Abweichungen von den Pflegestandards nach oben und unten festzustellen.

Die jährliche, angekündigte Inspektion, auf die sich das Heim vorbereiten kann, ist die Gelegenheit für das Management, die Effektivität der Organisation und den hohen Pflegestandard unter Beweis zu stellen. Alle Inspektionen können nur als zeitbedingte »Schnappschüsse« verstanden werden, aber es sind die sich ansammelnden Inspektions-Schnappschüsse, die bestätigend wirken oder andersherum deutlich machen, daß ein Heim die Pflege leistet, die die Bewohner benötigen. Die Inspekteure sollten Gelegenheiten nutzen, Heime erneut zu untersuchen unter dem Aspekt von Beschwerden, Entwicklungen und neuen Praktiken. Das Management eines Heimes sollte seinerseits periodische Tätigkeitsberichte erstellen, um z. B. Veränderungen innerhalb der Bewohnerschaft Rechnung zu tragen.

Im folgenden wird deshalb ein Inspektionsverfahren im Detail vorgestellt, ohne auf die Variationen zwischen den Behörden einzugehen.

Die jährliche angekündigte Inspektion

Üblicherweise wird ein Heim regelmäßig von dem Inspekteur besucht, der für die alltäglichen Kontakte mit dem Heim zuständig ist, doch für die zwei jährlichen Inspektionen ist ein anderer Inspekteur (leitender Inspekteur) vorgesehen, der vom sonst zuständigen Inspekteur begleitet wird.

Aufgabe des leitenden Inspekteurs ist:

- *Sicherzustellen, daß das Inspektionsverfahren durchgeführt wird, für die Erstellung des Inspektionsberichtes verantwortlich zu sein, aus einer übergeordneten Verantwortung und Perspektive zu handeln,*

- *sicherzustellen, daß alle Vereinbarungen klar sind, verstanden werden und so schriftlich fixiert werden,*
- *am Ende des Inspektionsvorganges das Feedback über alle Einzelheiten mit dem Management des Heimes zu verantworten,*
- *zu entscheiden, ob das Verfahren abgekürzt oder verlängert wird und die endgültige Koordination des Verwaltungsvorganges nach der Inspektion zu verantworten.*

Ein weiteres vitales Element der Inspektion ist das Inspektionsformular, in dem alle Indikatoren aus »Homes are for living in« aufgelistet sind und den verschiedenen Bereichen zugeordnet sind. Um während der Inspektion unterstützend wirken zu können, sind die einzelnen Teile nicht wie in der Matrix angeordnet, sondern in Gruppen dem Inspektionsvorgang zugeordnet.

Das Inspektionsformular beinhaltet auch alle Überprüfungen, die vom Registrierungsgesetz und den Regeln verlangt werden.

Sechs Wochen vor der anzukündigenden Inspektion werden Briefe an das Heimmanagement verschickt, in dem die Leitung und die Bewohner über das Datum der Inspektion unterrichtet werden.

Das Management wird aufgefordert, bis spätestens zwei Wochen vorher, Unterlagen wie die folgenden zurückzusenden:

- *die derzeit gültige Broschüre des Heims,*
- *die Ziele und Absichten des Heims,*
- *eine Liste der Bewohner und ihrer Verwandten,*
- *die Heimverträge,*
- *den Beschwerdegang,*
- *den Heimaufnahmeweg,*
- *die Personalliste,*
- *die Schichtpläne,*
- *die Arbeitsverträge,*
- *die Aufgabenbeschreibungen,*
- *die Menülisten der letzten zwei Wochen,*

und verschiedene Unterlagen über:

- *Feueralarm und -meldesysteme,*
- *Rufsysteme,*
- *Gas- und Elektroinstallationspläne.*

Die Heimverwaltung wird aufgefordert, einen wesentlichen Teil des Fragebogens auszufüllen, der sich mit Einzelheiten der Strategien und Vorgehensweisen beschäftigt, die sich mit den Werten befassen, wie sie in »Homes are for living in« dargestellt sind. Dies wird hier unter bestimmten Überschriften für relevante Bereiche zusammengefaßt:

- *Finanzen,*
- *Gesundheit der Bewohner,*
- *Dienstleistungen,*
- *Beziehungspflege, Überblick und Planung,*
- *Personalwesen,*
- *Versorgung,*
- *Baulichkeiten und ihre Möglichkeiten.*

Die Dokumentation und der Teil des Inspektionsformulars, der vom Management bereits ausgefüllt wurde, wird vom leitenden Inspekteur vor Beginn dahingehend untersucht, ob die Pflegeprinzipien sich wiederfinden und den Inspekteur davon überzeugen, daß sie als Indikatoren eines guten Gesamteindruckes im Hinblick auf die Matrix aus »Homes are for living in« zu werten sind.

Die Heimaufsicht benutzt die Verwandtenliste, um sie zur Inspektion einzuladen, damit sie dort dem Inspekteur ihre Meinung über das Heim mitteilen oder mit ihm schriftlich oder telefonisch Kontakt aufnehmen können.

Zusätzlich zur Auswertung der Unterlagen und des Fragebogens dauert die Inspektion ein oder zwei Tage, abhängig von der Größe des Heims. Wenn das Heim außergewöhnlich groß ist, kann auch ein weiterer Inspekteur hinzugezogen werden.

Der Prüfungsablauf beschäftigt sich hauptsächlich damit, ob das Heim die Pflege leistet, die von den Bewohnern erwartet wird. Dabei werden die Informationen mit den Dokumentationen, Pflegebeobachtungen, Diskussionen mit dem Personal und – am wichtigsten – den Unterhaltungen mit den Bewohnern und ihren Verwandten verglichen.

Folgende Dokumentationen werden untersucht:

- *Betriebserlaubnis (muß aushängen),*
- *Bewohnerliste,*
- *medizinische Dokumentation,*
- *Arzneidokumentation,*
- *Tagesdokumentation, Pflegepläne und -überblick,*

- *Brandschutzübungs- und Testberichte,*
- *Feueralarmpläne,*
- *Gesundheits- und Sicherheitsstrategieerklärungen,*
- *Erlaubniserklärungen der Bewohner, in ihrem Namen handeln zu dürfen,*
- *Liste der Wertgegenstände von Bewohnern, die aufbewahrt werden,*
- *Aufzugwartungsprotokolle,*
- *Sozialversicherungsnachweis des Arbeitgebers,*
- *Vorgehensweise, wenn Bewohner vermißt werden,*
- *Berichte über offizielle Besuche.*

Diese Unterlagen werden noch einmal mit dem Pflegekonzept verglichen. (Anzumerken ist, daß auch andere Abteilungen der Gemeindeverwaltung bestimmte Einrichtungen der Heime im Laufe eines Jahres überprüfen und Abweichungen vom geforderten Standard der Heimaufsicht berichten. Mitarbeiter des Gesundheitsamts untersuchen z. B. die Hygiene- und Sicherheitsstandards in der Küche und im gesamten Heim. Ebenso werden einmal im Jahr Brandschutz- und Feueralarmvorkehrungen überprüft).

Die Arzneimittelschränke und die Medikationsdokumentation werden kontrolliert. Jeder zugängliche Raum wird dahingehend untersucht, ob das Recht der Bewohner auf seine freie Benutzung ebenso sichergestellt ist wie der ordnungsgemäße Zustand der Räumlichkeiten.

Die Inspekteure vergleichen alle Bereiche mit den Ergebnissen und Auflagen der Vorjahrsinspektion, insbesondere Ziele, Zustand der Gebäude, Mahlzeiten und Drogendokumentation.

Danach treffen sich alle Inspekteure und stellen eine Liste aller Beanstandungen auf. Hier dienen dann die Werte aus »Homes are for living in« als Maßstab und zeigen das eine oder andere Defizit in Konzepten auf oder überzeugen die Inspekteure, daß die Konzepte die Erwartungen erfüllen.

Es ist äußerst wichtig darauf hinzuweisen, daß Beanstandungen nachgewiesen werden müssen und nicht durch unqualifiziertes Hörensagen oder subjektive Beurteilung zustandekommen. Inspekteure müssen in der Lage sein, schlechte Pflege zu beweisen. Generalisierende Aussagen dürfen nicht entstehen.

Die Inspekteure müssen trotz allen Drucks ihre Unabhängigkeit und Fairness behalten.

Im Anschluß erfolgt ein Gespräch mit dem Management des Heimes, in dem die Ergebnisse erläutert werden. Der Heimleitung wird Gelegenheit gegeben, die Dinge aus ihrer Sicht darzustellen. Aus diesem Gespräch resultiert dann eine Liste von einzelnen kommentierten Problemen und ein vereinbarter Lösungszeitplan. Bei sehr ernsthaften Beanstandungen kann der Verwaltung die sofortige Veränderung auferlegt werden.

Die Inspekteure können auch die Gelegenheit nutzen, um Verbesserungen, die seit der letzten Inspektion stattfanden, zugunsten des Managements positiv zu kommentieren.

Daraufhin wird das Inspektionsformular mit einer abschließenden Würdigung vervollständigt, der Bericht geschrieben und von den Inspekteuren unterschrieben.

Zwei Ausgaben des Inspektionsberichts werden zur Gegenzeichnung an das Heim geschickt, wovon eine an die Heimaufsicht zurückgeht und öffentlich zugänglich ist. Dem Eigentümer oder Manager steht das Recht offen, diese Kopie mit einem begleitenden, erklärenden Schreiben als Teil des öffentlichen Berichts zu versehen.

Eine Ausgabe bleibt demzufolge im Heim und kann auf Anfrage von den Bewohnern und ihren Angehörigen eingesehen werden. Außerdem soll es das Management an die Einhaltung vereinbarter Ziele und Auflagen erinnern.

Die unangemeldete Inspektion

Wie die Bezeichnung schon deutlich macht, geschieht die unangemeldete Inspektion ohne Vorankündigung. Üblicherweise erfolgt sie frühestens drei Monate nach der letzten angekündigten Inspektion und spätestens drei Monate vor der nächsten jährlichen angekündigten Überprüfung.

Mit einer unangemeldeten Inspektion soll geprüft werden, ob die bei der angekündigten Inspektion festgestellten Systeme und Vorgehensweisen auch tatsächlich verankert und von der gerade im Dienst befindlichen Leitung auch verstanden sind.

Der leitende Inspekteur vereinbart den Termin des Besuchs mit dem für das Heim zuständigen Inspekteur.

Aufgabe ist es:

- *festzustellen, ob das Heim verantwortungsvoll geführt wird,*
- *die Gebäude zu inspizieren,*
- *Gespräche mit den Bewohnern zu führen,*
- *die Verwaltung und die Medikation zu überprüfen,*
- *die Speisezubereitung und den Service zu begutachten,*

- *die Tagesdokumentation und andere Dokumentationen zu prüfen,*
- *die Gültigkeit und Einhaltung der Schichtpläne zu kontrollieren.*

Jeder Verstoß wird sofort der in Dienst befindlichen Leitung berichtet und anschließend dem Eigentümer oder Manager schriftlich mitgeteilt.

Der Umgang mit den Konzepten aus »Homes are for living in«

Fallstudien

Beachte: die Beispiele in den Fallstudien sind tatsächlich so passiert, doch wurden die Namen der Heime und Personen verändert.

Fall 1

Bei der Inspektion eines Heimes mit 25 Bewohnern beschweren sich einige und ihre Verwandten über die Hautpmahlzeit. Das Essen wird zwar als gut aber eintönig beschrieben. Der gleiche Menüplan wiederhole sich Woche für Woche, so daß es kaum oder gar keine Wahlmöglichkeit gäbe.

Die Angaben werden gesammelt und der Inspekteur notiert: Die Menüauswahl ist begrenzt, die Essenszeiten lassen keine Variationen zu und die Bewohner haben keine Möglichkeiten, eigene Getränke oder Zwischenmahlzeiten herzurichten. Andererseits ist die Qualität der Speisen hervorragend und der Koch kann sich nicht über Einkaufsbeschränkungen beklagen. Wahlfreiheit scheint es in den anderen Bereichen der Pflege zu geben. Es gibt Wahlmöglichkeiten zur Gestaltung des Tagesablaufs, Aufsteh- und Zubettgehzeiten, Fahrmöglichkeiten, Aktivitäten, Sprechzeiten etc.

Anhand der Matrix können die Inspekteure feststellen, daß die Wahlfreiheit mit allen ihren relevanten Verbindungen keinen besonderen Stellenwert in diesem Heim hat, was die Essensversorgung angeht. In allen anderen Bereichen ist sie dagegen zufriedenstellend.

Bei Gesprächen mit dem Management entsteht der Eindruck, daß es an Sensibilität für die Gefühle der Bewohner in bezug auf die Bedeutung von Essen mangelt, und daß man annimmt, mit den Wünschen der Mehrheit der Bewohner übereinzustimmen.
Die Leitung des Heims wird von dem Problem unterrichtet und aufgefordert, die Bewohner zu ermuntern, bei Bewohnerversammlungen und in Einzelgesprächen ihre Essenswünsche zu artikulieren. Der Menüplan sollte zumindestens eine Alternative offerieren. Wenn man bedenkt, daß der Gemüseanteil zumeist derselbe (vielleicht variabel in der Menge) bleiben kann, ist es hauptsächlich der Fleischanteil, der veränderbar sein sollte. Das Management wird gefragt, wie sie sich die Schritte vorstellen, mit denen das Problem gelöst werden kann.
Nebenbei kann durch die Veränderung des Desserts ein weiterer Beitrag zur Erstellung einer zweiten Wahl geleistet werden. Frischobst, Eis, Käse oder Gebäck sind Alternativen, die wenig oder keinen extra Aufwand machen und obendrein kaum Abfall verursachen, da sie auch später noch verzehrt werden können.
Zusätzlich sollte in allen Dokumentationen auf die Wahlmöglichkeiten beim Essen hingewiesen werden und, sollte dies bereits der Fall sein, besonders bei der nächsten Personalbesprechung eindrücklich darauf Bezug genommen werden. Der Koch sollte ermutigt werden, auf Bewohner zuzugehen, um ihre Ansichten über Wahlmöglichkeiten zu erfahren und mit Gruppen von Bewohnern bei der Erstellung von Menüplänen zusammenzuarbeiten. Man sollte auch daran denken, daß die Arbeitszufriedenheit des Kochs steigt, wenn er weiß, daß seine Arbeit von den Bewohnern geschätzt wird.
Schließlich wird ein Aktions- und Zeitplan für die Veränderung mit dem Management vereinbart und im Inspektionsbericht festgehalten.
Der Inspekteur, der das Heim regelmäßig besucht, wird zusammen mit den Bewohnern, dem Personal und dem Management während ständiger Besuche sicherstellen, daß die Vorschläge in die Tat umgesetzt und in dem öffentlichen Bericht aufgeführt werden.

Fall 2

Beispiel für das tägliche Management

Dorset Road ist ein kleines Heim mit 6 Bewohnern, die unter Lernschwierigkeiten und physischen Behinderungen (Epilepsie, Sprechschwierigkeiten) leiden. Einige Bewohner werden manchmal aggressiv. Alle, mit einer Ausnahme, besuchen Tagespflegeeinrichtungen, in denen ihre Fähigkeiten gefördert werden.
Das Heim ist eines von mehreren einer privaten Organisation. Die Heimplätze werden von der Gemeinde bezahlt.
Das Management bekennt sich zu einer aktiven Umsetzung der Konzepte und Vorgehensweisen aus »Homes are for living in«.
Leitungskräfte werden nach ihren Erfahrungen in diesem Berufsfeld und ihrer Empathie für die spezielle Bewohnergruppe ausgewählt.
Die Entwicklung von jedem Bewohner wird monatlich überprüft und mit Bewohner, Leitung und dem zuständigen Key-Worker diskutiert. Dies ist Teil der Pflegephilosophie des Heims. Hierbei wird der Bewohner gefragt: »Wie soll das Personal mit Ihren Ansichten über die Konzepte aus »Homes are for living in« umgehen, und wie weit sollen sie Teil Ihres Lebens werden?« Die Antwort wird in ein Formblatt (s. u.) eingetragen und ist Pflichtlektüre für das gesamte Personal.
Wenn Bewohner nicht in der Lage sind, ihre Antworten zu verbalisieren oder die Konzepte nicht verstehen, gibt es Mitglieder des Personals, die die Vorlieben, Abneigungen und Körpersprache des Bewohners lange genug beobachtet haben, um an ihrer Stelle die nötigen Informationen geben zu können. Z. B. Schüchternheit eines Bewohners in bestimmten Situationen (besonders beim Anziehen, Toilette und Bad) würde bedeuten, daß diese Vorgänge im Beisein von anderen Personen die Würde verletzen und, daß sie diese Funktionen lieber allein ausführen. Einige Bewohner sind in der Lage, sich die Kleidungsstücke selbst auszuwählen und das Personal weiß, wem dies Freude macht und wer dabei unterstützt werden muß. Eine weitere Methode, Informationen zu gewinnen, besteht darin, Bewohnern Beispiele für bestimmte Werte zu liefern. Z. B. kann die Wahlfreiheit verdeutlicht werden, indem erklärt wird, daß Wahlfreiheit bedeutet, zwischen einer Süßspeise und einem Stück Obst wählen zu können. Solche Beispiele von Wahlmöglichkeiten ermöglichen dem Personal, nebenbei mehr über Vorlieben und Abneigungen von Bewohnern zu erfahren.

Der Bewohner wird darüber unterrichtet, daß diese Information dem gesamten Personal zugänglich gemacht wird und mit anderen Bewohnern diskutiert wird.

Diese Ansichten werden, wie das folgende Beispiel von Janet Smith veranschaulicht, dokumentiert:

Monatlicher Entwicklungsbericht

Janet Smith – Die sechs Werte und wie ich sie gerne in meinem Leben verwirklicht hätte

Wahlfreiheit:

Ich möchte, daß das Personal mich fragt, wann ich essen will.

Rechte:

Ich möchte nicht gestört werden.

Privatheit:

Ich möchte zeitweilig allein in meinem Zimmer sein.

Unabhängigkeit:

Meine Fortschritte überprüfen und dabei beteiligt sein.

Würde:

Ich möchte beim An- und Ausziehen allein sein.

Selbstverwirklichung:

Ich möchte, daß mich das Personal als ein Individuum behandelt.

Einige Erklärungen erscheinen sehr simplifiziert, sind aber offensichtlich sehr wichtig für Janet Smith.

Anläßlich der monatlichen Besprechungen mit Janet Smith kann überprüft werden, ob das von ihr gewünschte Verhalten tatsächlich verwirklicht wird, ob Korrekturen nötig sind und ob die Liste der Wünsche verlängert werden muß.

Während einer Besprechung stellte sich auch heraus, daß sich Janet Smith oft über John aufregt, der das Fernsehprogramm wechselt, ohne andere Bewohner um Zustimmung zu fragen. Diese Angelegenheit kann dann später in der Besprechung mit John diskutiert werden. Ähnliches wird von Janet bekannt, die andere aufregt indem sie laut Musik laufen läßt. Darüber wird mit Janet in der Besprechung geredet.

Diese monatlichen Besprechungen der Werte aus »Homes are for living in« lassen Mißstände bereits frühzeitig spüren und können verantwortungsvoll diskutiert werden, ehe sie zu ernsthaften Verwicklungen führen. Außerdem – und das ist besonders wichtig – vermitteln sie den Bewohnern ein Gefühl von Wertschätzung und Eigenkontrolle.

Schließlich ist der ganze Prozeß eine ständige Erinnerung für alle Mitarbeiter und Bewohner, daß die Qualität der Pflege von allen Beteiligten abhängt und sich auf den Wünschen und Bedürfnissen der Bewohner begründet, die Individuen mit individuellen Ansprüchen sind.

Fall 3

Mrs. James, die Mutter von Mrs. Brown, lebte bis vor kurzem in Bridge Lodge, einem Heim für 15 alte Menschen. Mrs. Brown macht sich Sorgen um Mrs. James, die verwirrt ist, ständig umherläuft und dabei häufig Bridge Lodge verläßt. Nach Mrs. Browns Meinung setzt sich ihre Mutter damit Risiken wie dem Straßenverkehr aus und läuft Gefahr, vermißt zu werden etc. Aus diesem Grund hat Mrs. Brown bereits den Wechsel in ein anderes Heim arrangiert.

Sie ist der Ansicht, daß das Management von Bridge Lodge nichts unternommen hat, um ihre Mutter zurückzuhalten. Darüber beschwert sie sich wie folgt bei Mrs. Smith von der Heimaufsicht:

Sehr verehrte Mrs. Smith

Betr.: Mrs. James ./. Bridge Lodge

Ich wäre Ihnen für einen Ratschlag in einer Angelegenheit, die meine Mutter, Mrs. James, betrifft und mir große Sorgen bereitet, sehr dankbar.

Meine Mutter ist 83 Jahre alt und in den letzten Jahren immer verwirrter geworden. Zusätzlich zu diesen Problemen hat sie seit Dezember Nierenprobleme – eine sehr unangenehme Sache.

Ich hatte zu der Zeit keine andere Alternative als sie in ein Pflegeheim zu geben – Bridge Lodge. Anfang April konnten wir ihr eine Operation im Krankenhaus zur Erleichterung ihrer gesundheitlichen Probleme ermöglichen. Das scheint recht erfolgreich verlaufen zu sein, doch jetzt ist es dringend notwendig, daß sie und ihre Medikation ständig überwacht werden.

Nachdem sie ein paar Wochen in Bridge Lodge war, kam es ihr in den Sinn, sich ab und zu von dort zu entfernen. Dieser Zwang steigerte sich derartig, daß sie fast jeden Tag Bridge Lodge verließ, es sei denn, ihr Hausarzt hatte ihr Tranquilizer verabreicht. Mehrmals wurde sie von der Polizei zurückgebracht, zweimal ist sie sogar bis zu ihrer alten Wohnung (jetzt leer) gekommen.

Der Manager von Bridge Lodge gab mir gegenüber zu, daß sie nicht in der Lage seien, sie am Verlassen zu hindern.
Letzten Donnerstag entfernte sich meine Mutter vom Heim, rutschte aus und brach sich einen Arm. Daraufhin habe ich sie aus dem Heim genommen und einen Platz in einem anderen Heim gefunden.
Ich bin der Meinung, daß Bridge Lodge im Umgang mit meiner Mutter fahrlässig gehandelt hat, weil sie nicht zugaben, daß sie nicht fähig waren, ihr Umherwandern unter Kontrolle zu bringen. Das habe ich Bridge Lodge auch geschrieben. Die Folgen waren für die arme Dame schlimm genug und hätten leicht fatal enden können.
Anstelle einer Entschuldigung wurde mir jedoch vom Eigentümer von Bridge Lodge eine Rechnung über einen Folgemonat gemäß dem Wortlaut des Heimvertrages präsentiert. Ich finde das höchst beleidigend.
Ich wäre Ihnen sehr dankbar, wenn Sie mich Ihre Meinung zu dem Vorgang wissen lassen, ob die Pflege dort und in diesem speziellen Fall den Bestimmungen des Registrierungsgesetzes von 1984 auf die sich auch der Vertrag bezieht und die ich nicht kenne, entspricht.
Wenn dem so ist, würde Bridge Lodge gegen das Gesetz verstoßen und hätte keinen Anspruch auf Folgezahlung.
Mit freundlichen Grüßen
Mrs. J. Brown

Die zuständige Beamtin der Heimaufsicht, Mrs. Smith, hat wenig Beschwerden über das Heim aufgrund ihrer Inspektionen und nimmt Kontakt mit dem Management auf, um sicherzugehen, daß sich Mrs. James nicht einem Risiko aussetzt. Mrs. Smith besucht das Heim und überprüft die Dokumentationen, die das Umherwandern von Mrs. James betreffen, ihren Gesundheitsreport und Tagesberichte etc., vergleicht die Unterlagen mit der Matrix aus »Homes are for living in« und kommt zu einem befriedigenden Ergebnis. Das Management des Hauses ist überzeugt, daß Mrs. James trotz ihrer vorübergehenden Gedächtnislücken ein gesundes Gespür für ihre Sicherheit hat und sich selbst oder andere nicht in Gefahr bringt, und deshalb keine einschränkenden Maßnahmen ergriffen werden sollten. Die Inspekteurin stimmt dieser Auffassung zu und schreibt Mrs. Brown wie folgt:

Sehr verehrte Mrs. Brown,

Betr. Mrs. James ./. Aufenthalt in Bridge Lodge

Ich beziehe mich auf Ihren Brief, der den Aufenthalt Ihrer Mutter in Bridge Lodge zum Gegenstand hat. Es tut mir leid, von den Problemen, die Sie beschäftigen, zu hören.

Wie Sie sich sicher vorstellen können, hat dieses Amt keinen täglichen Kontakt mit jeder Einrichtung und bis zu Ihrem Brief war mir auch Ihre Mutter persönlich nicht bekannt. Nun habe ich allerdings das Heim besucht und alle Unterlagen, die sich auf den Aufenthalt Ihrer Mutter beziehen, eingesehen.

Ich möchte die amtliche Auffassung wiedergeben, die sich ganz allgemein mit dem Pflegeniveau beschäftigt, das von Pflegeheimen in bezug auf ihre Bewohner und das Recht auf Risiko erwartet wird.

Dieses Amt verwendet die Richtlinien für Personen in London, die ein Pflegeheim betreiben, dessen Pflegephilosophie sich im wesentlichen auf »Home Life« stützt, das vom Centre for Policy of Ageing herausgegeben wurde.

Ich liste im folgenden einige relevante Paragraphen aus »Home Life« auf, die die Auffassung des Amtes in dieser Hinsicht deutlich machen.

*»**2.3** Alle Bewohner sollen das Recht haben, ihr Leben nach den eigenen Vorstellungen so zufriedenstellend wie möglich zu führen. Ihre Bedürfnisse sollen im Einklang mit Würde, Privatheit und Humanität erfüllt werden. Sie sollen, wenn sie es wünschen, bei Entscheidungen, die ihren Alltag betreffen, beteiligt werden; Risiken eingehen und für das eigene Verhalten verantwortlich sein, wo dies nicht die Lebensqualität oder die Sicherheit anderer wesentlich beeinträchtigt; ähnliche Möglichkeiten haben, sich in die Außenwelt zu integrieren, wie dies für alle anderen möglich ist, wenn sie es wollen.*

***2.4** Die Verantwortung des Managers und die absolut letzte Verantwortung der Person im Dienst besteht darin, immer die Rechte der Bewohner im Auge zu haben und sie jederzeit soweit wie nur möglich zu sichern«.*

Zusätzlich gibt es in »Home Life« ein spezielles Kapitel, das sich mit Risiko und Wahlfreiheit befaßt. Ich zitiere:

*»**1.2.8** Verantwortbares Risiko eingehen zu können, sollte als normal angesehen werden und Bewohner sollten nicht entmutigt werden, bestimmte Aktivitäten zu unternehmen, nur weil sie ein gewisses Risiko beinhalten. Exzessiver Paternalismus und Beschäftigung mit Sicherheit kann zum Ein-*

frieren persönlicher Rechte führen. Diejenigen, die kompetent genug sind, Risiken für sich selbst einzuschätzen, können für sich selbst entscheiden, soweit sie nicht die Sicherheit anderer bedrohen.«

Die obigen Auszüge vermitteln den Eindruck einer Art von stationärer Pflege, die vom Amt unterstützt wird. Ganz allgemein:

Wir können unter keinen Umständen Zwangsmaßnahmen gegen Bewohner zulassen, und allen Pflegeheimen ist es untersagt, das Verlassen des Heimes durch interne Schlösser etc. zu verhindern. In der Tat kann unter bestimmten Umständen jede Form von Einschränkung als Verletzung gewertet werden. Deshalb obliegt die Pflege der Personen, die nur geringfügig verwirrt sind, offensichtlich dem Urteil derjenigen, die direkt mit der Pflege des betreffenden Bewohners befaßt sind und kann nicht aus der Entfernung beurteilt werden.

Das Registrierungsgesetz von 1984 und die damit verbundenen Pflegeheimregeln bieten wenig Hilfe in speziellen Fragen von Pflegestandards, sondern beziehen sich allgemein auf klar definierte Bereiche physischer Betreuung und ihrer Standards.

Ich habe Bridge Lodge besucht und die Prinzipien, mit denen dort gearbeitet wird mit den in »Homes are for living in« veröffentlichten Richtlinien der Regierung verglichen und festgestellt, daß die Standards und Kriterien nach denen dort verfahren wird, stimmig sind. Ich denke auch, daß der Unfall Ihrer Mutter genauso innerhalb des Heims wie außerhalb hätte passieren können und glaube deshalb, daß sich das Heim korrekt verhält, wenn es Ihrer Mutter (und anderen Bewohnern) freien Zugang nach innen wie nach außen erlaubt.

Andere Punkte Ihres Schreibens drehen sich um finanzielle Folgerungen aus dem Anspruch des Eigentümers auf Zahlung einer Anschlußmonatsmiete. In Übereinstimmung mit dem Wortlaut des Heimvertrages scheint das korrekt zu sein, aber ich würde Ihnen aufgrund meiner Erfahrungen eher raten, darüber direkt mit dem Eigentümer selbst zu verhandeln, als die Ausgaben eines Prozesses zu riskieren.

Ich hoffe, daß sich Ihre Mutter im neuen Heim wohlfühlt und sich gut von ihrem Sturz erholt. Sollten Sie weitere Informationen oder einen Blick in verschiedene Gesetze oder Anordnungen wünschen, stehe ich Ihnen gerne zur Verfügung.

Mit freundlichen Grüßen
Mrs. D. Smith

Fall 4

Mrs. Hughes, die Eigentümerin und Managerin eines Pflegeheims für 24 alte Menschen, wird vom leitenden Sozialarbeiter des Sozialamts angerufen, der nachfragt, ob sie eine Klientin, Mrs. Mason, aufnehmen könnte, die zu Hause wohnt, aber in Tagespflege von Montag bis Freitag zwischen 9.00 Uhr morgens und 6.00 Uhr abends betreut wird.

Mrs. Mason ist 75 Jahre alt, lebt in ihrem eigenen Haus (das ihr gehört), wird zunehmend nachlässig, was ihre Körperpflege, Kleidung und Ernährung anbetrifft und benötigt tägliche Hilfe, damit sie ihre Unabhängigkeit bewahren kann. Zusätzlich hat Mrs. Mason verschiedentlich Überlegungen geäußert, daß sie sich irgendwann in der Zukunft einen Aufenthalt in einem Pflegeheim vorstellen könnte. Auch hat sie zwei Bekannte, die bereits in einem Pflegeheim leben.

Das Pflegeheim hat jedoch keinen Platz und kann aufgrund seiner Zulassungsurkunde nicht ohne Genehmigung durch die Heimaufsicht mehr als 24 Personen auf einmal pflegen.

Mrs. Hughes ruft den Inspekteur, Mr. Allen, an und bittet ihn um Genehmigung für eine Tagespflege für Mrs. Mason.

Was muß Mr. Allen beachten und zu welcher Entscheidung ist er gekommen?

Überlegungen:

a) *Will die Klientin dies wirklich?*
b) *Wissen die anderen Bewohner um mögliche Arrangements und stimmen diesen zu?*
c) *Hat Mrs. Mason Verwandte und was denken sie über diese Tagespflege?*
d) *Gibt es im Heim ausreichende und angemessene Möglichkeiten für Mrs. Mason?*
e) *Reicht das Personal für eine angemessene Pflege aus?*
f) *Wie lange sollte dieses Arrangement dauern, wenn es angenommen wird?*

Entscheidung:

Nachdem abgeklärt ist, daß die Antworten von a) bis e) positiv ausfallen, stimmt Mr. Allen der Unterbringung zu, vorausgesetzt, daß Mrs. Hughes alle Details schriftlich fixiert, daß alle Beteiligten zustimmen, daß das Arrangement anfänglich nicht länger als einen Monat dauert und wöchentlich von den beteiligten Personen überwacht wird. Mr. Allen muß weiter in Kontakt bleiben und nach zwei Wochen über den Verlauf der Unterbringung unterrichtet werden.

Mr. Allen wird dann Mrs. Hughes die Genehmigung für dieses Arrangement durch die Heimaufsicht mitteilen, das dann weitergeführt werden kann.

Entwicklungen · Qualitätssicherung

Qualitätssicherung wird immer mehr zu einem Hauptthema in der stationären Pflege. Basisstandards werden in den meisten Fällen erfüllt und Pflegenachfrager, seien es Klienten, Verwandte und besonders Behörden, halten Ausschau nach Verbesserungen und Garantien in Sachen Pflegequalität.

Behörden, die Verträge mit Anbietern aushandeln, verwenden Qualitätssicherungsrichtlinien, die von den Pflegeanbietern akzeptiert werden müssen, bevor die Behörden bereit sind, Verträge mit ihnen zu unterzeichnen, die sie zu Zahlungen verpflichten. Im allgemeinen haben diese Qualitätssicherungsdokumente nicht nur die Absicht, Basisstandards abzusichern, sondern auch eine ständige Verbesserung zu garantieren und zu gewährleisten, daß die Wünsche der Bewohner und ihre Interessen im Mittelpunkt der Dienstleistungen stehen.

So soll z. B. allen neuen Vorgehensweisen oder Strategien von den Klienten oder ihren Vertretern zu jedem Stadium der Entwicklung, sei es vor oder nach ihrer Einführung, zugestimmt werden. Der durch und mit den Klienten formulierte Pflegeplan muß ständig angepaßt, überprüft und jede Abweichung sofort korrigiert werden.

Wahlmöglichkeiten

Die neueste Gesetzgebung belastet die Behörden mit der Verpflichtung, allen Klienten, die sie um Unterstützung bitten, Wahlmöglichkeiten zu offerieren. Diese Wahlmöglichkeiten müssen in allen angebotenen Diensten verfügbar sein. Den Wünschen der Klienten muß eine hohe Priorität eingeräumt werden und dies hat sich in einem kompletten Wechsel der Angebotsweise der sozialen Dienste niedergeschlagen.

Klienten wird heute auf der Basis ihrer Bedürfnisse begegnet und wenn sie die Kriterien erfüllen, die die Behörden zur Hilfe verpflichten, dann sind ihre Wahlmöglichkeiten äußerst groß. Früher wurde den Klienten auch eine Wahl angeboten, doch nur aus der Palette der verfügbaren Dienste. Heute müssen die Behörden positiv auf alle vertretbaren Wünsche nach Diensten, die ein Klient nachfragt, reagieren.

Vor der neuen Gesetzgebung würde ein Sozialarbeiter z. B. einen Klienten besuchen und ihm die Unterstützung anbieten, die die Behörde bieten kann (Haushaltshilfe, Tagespflege, stationäre Pflege etc.) und keinen Gedanken an weitere alternative Optionen verwenden. Jetzt haben die Vorstellungen des Klienten Vorrang und jede nur denkbare Lösung muß von der Behörde in Betracht gezogen werden. Ein Klient könnte z. B. vorschlagen, daß ein Verwandter dafür bezahlt wird, daß er sich um ihn kümmert, dies könnte in gewissen Grenzen eine Lösung sein, die die Behörde bisher nicht unterbreitet hat, aber sich nun durchaus vorstellen kann. Größere Wahlmöglichkeiten werden bereits in der stationären Pflege geboten. Klienten können sehr viel freizügiger als bisher Plätze in Pflegeheimen außerhalb der eigentlichen Bezirksgrenzen belegen, ein Problem, daß früher die Wahlfreiheit durch festgelegte Grenzen einschränkte.

Unabhängigkeit der Heimaufsicht

Das Gesundheitsministerium hat ein Beratungspapier herausgegeben, das unter anderem empfiehlt, daß die Heimaufsicht einer anderen als der bisher üblichen Abteilung (Sozialamt) der Gemeindeverwaltung zugeordnet wird und möglicherweise außerhalb der örtlichen Verwaltung angesiedelt wird entweder als nationale Heimaufsicht oder private Einrichtung mit vertraglicher Bindung an die örtliche Verwaltung.

Dies soll die Unabhängigkeit der Heimaufsicht garantieren, wenn sie Heime der Gemeinde (die bisher wiederum Arbeitgeber der Inspekteure sind) inspiziert und so eine faire Gleichbehandlung aller Pflegeanbieter ermöglicht. Diese Vorlage wird immer noch diskutiert, doch würden manche Heimaufsichten diese Pläne gerne erfüllt sehen.

Laieninspekteure

Die gleiche Vorlage schlägt vor, daß sich die Heimaufsicht der Mitarbeit von Personen bedient, die nicht in der stationären Pflege (Laien) engagiert sind, um eine breitere Sichtweite beim Inspektionsprozeß zu entwickeln.

Dieser Vorschlag hat eine interessante und komplexe Debatte über die Verwendung von Privatleuten für Inspektionsvorgänge ausgelöst.

Es kann durchaus vorteilhaft sein, doch werden auch Bedenken laut.

In bezug auf Kinderheime ist die Einbeziehung von Laien bereits vom Gesundheitsministerium verfügt, die Heimaufsicht hat ihre Vorgehensweise darauf eingestellt und rekrutiert Laieninspekteure. Das Gesundheitsministerium hat vorgeschlagen, daß auch Kinder, die vorher Bewohner gewesen waren, als Laieninspekteure fungieren können.

Nationale Standards

Wie bereits erwähnt, neigen die örtlichen Verwaltungen dazu, eigene Richtlinien zu entwickeln, obwohl sie insgesamt für das ganze Land gesehen, sich sehr ähneln. Dennoch gibt es einige krasse Differenzen, die Verwirrung bei den Eigentümern hervorrufen können. Auch können diese Unterschiede von den Eigentümern dazu verwendet werden, der Heimaufsicht im Vergleich zu einer anderen, unfaire Behandlung zu unterstellen und dies zum Nachteil der Behörde ausnutzen.

Zum Beispiel können Nachbargemeinden unterschiedliche Standards in bezug auf das Verhältnis von Einbett- zu Zweibettzimmern verwenden. Ein Eigentümer könnte sich dann vor dem Schiedsgericht auf diese Ungleichheit beziehen und dies als ein durchaus einleuchtendes Argument in seinem Fall verwenden.

Es gibt also Gründe, die Einführung von nationalen Standards zu diskutieren.

Private und gemeinnützige Pflegeversorgung

Die Regierung hat Anweisungen erlassen, daß die örtlichen sozialen Dienste mehr Gebrauch von privaten und gemeinnützigen Pflegeanbietern machen sollen, um den Klienten die Wahl einer Pflege anzubieten, die effizient und kostengünstig ist. Tatsächlich müssen 85 % der für die Pflege bereitgestellten öffentlichen Gelder im privaten und gemeinnützigen Sektor ausgegeben werden.

Im Laufe der letzten Jahre mußten viele öffentliche Altenpflegeheime geschlossen werden, da die Gemeinden nicht in der Lage waren, sie auf den Stand zu bringen, der von privaten und gemeinnützigen Pflegeheimen verlangt wird und zudem nicht so kostengünstig betrieben werden konnten.

Quellen:

»A Positive Choice«, Report of an independent review of residential care chaired by Gilian Wagner, OBE, PhD. (HMSO) London 1988.
»Home Life«, Report of a working party chaired by Knia, Lady Avebury, Centre for Policy on Ageing, London 1984.
The Registered Homes Act 1984 (Subsequent Amendments) and Regulations.

3. Berichtsteil

3.1 Die Matrix

In der Matrix sind alle Aspekte, die bei der Evaluation von Pflegequalität und Lebensqualität in Heimen beachtet werden sollen, im Überblick zusammengefaßt. Sie ist so aufgebaut, daß sie die Beziehungen von Sachbereichen auf der einen Seite und den wertorientierten Prinzipien auf der anderen Seite aufzeigt. Die vertikale Achse stellt die »Sach«-Perspektive ausgedrückt in Begriffen wie Gebäude, Personal, Dokumentation etc. dar, während die horizontale die Werte Privatheit, Würde etc. beinhaltet.

Die Matrix soll eine schnelle Orientierung für denjenigen bieten, der mit einer Evaluation betraut ist, sei es als Heimaufsicht, als Träger oder Manager. Ferner eignet sie sich für die Weiterbildung, zur Überprüfung der eigenen Praxis und für Heimbeirat und Seniorenvertretungen.

Im später folgenden »Aide-Memoire« (Checkliste)und dem jeweils vorweg formulierten Evaluations-Rahmen (Bewertungsbogen) wird der Inhalt der Matrix ausgeweitet und in spezifische Fragen oder Beobachtungsfaktoren als Teil des Evaluationsprozesses übersetzt.

3.2 Die Checkliste (Erhebungskriterien)

In der Checkliste werden nun für die sechs Grundwerte Wahlfreiheit, Rechtssicherheit, Selbstverwirklichung, Unabhängigkeit, Privatheit und Würde Kriterien aufgestellt und in Fragen gefaßt. Die Checkliste ist als Erhebungsbogen gestaltet, auf dem Beobachtungen, Diskussionsverlauf und Anregungen notiert werden können, d. h. als praktisches Hilfsmittel.

Wahlfreiheit

Evaluations-Rahmen und Checkliste

Name und Adresse des Heims

Datum des Besuchs

Name der Besucher

Name der Aufsichtsbehörde

Das Kriterium dieses Evaluations-Rahmens lautet: Wahlfreiheit wird definiert als »die Möglichkeit, unbeeinflußt aus einer Reihe von Möglichkeiten wählen zu können«.

Bei dem Maßstab »Wahlfreiheit« geht es um die Bemühungen der Heime, das Ziel, seinen Bewohnern soviel Wahlmöglichkeiten zu bieten, wie sie zu ihrer Zufriedenheit benötigen, zu erreichen. Ein solch »gutes« Heim wird versuchen:

1. *die für das Wohlbefinden der Bewohner inhärente Bedeutung des Wählenkönnens und Wahlausübens im Alltag anzuerkennen;*
2. *ein klares Bild von den physischen und geistigen Fähigkeiten der einzelnen Bewohner zu haben und zu wissen, in welchem Bereich sich ihre Wünsche bewegen und wieweit sie in der Lage sind, zu wählen;*
3. *sicherzustellen, daß die Bewohner ausreichend über ihre Entscheidungsmöglichkeiten informiert sind;*
4. *ein Betreuungskonzept zu entwickeln, daß die Bewohner unterstützt und ermutigt, auch tatsächlich zu wählen unter Berücksichtigung ihrer persönlichen Situation, ihrer Pflegebedürftigkeit und ihres Lebensstils im Zusammenhang mit der Akzeptierung eines vertretbaren Risikos;*

5. *eine Umgebung zu schaffen, in der die Bewohner eine Reihe von Räumlichkeiten und Möglichkeiten nutzen können, die sicher sind und mit Hilfen für Behinderte ausgestattet sind, so daß Unbenutzbarkeit oder Unfallangst nicht die Wahlfreiheit einschränken;*
6. *die Konstitution und das Verhalten der Bewohner zu beobachten, um ein vernünftiges Gleichgewicht zwischen Selbstbestimmung, Risikograd und Beeinträchtigung anderer zu gewährleisten;*
7. *Sicherungen einzubauen, die bestimmen, daß jede Beschränkung von Wahlmöglichkeiten erklärt, begründet und regelmäßig überprüft werden muß.*

Weiterhin wird ein »gutes« Heim bereits von dem Bewohner unter Mitwirkung seiner Verwandten oder anderer Betreuer aus einer Reihe von weiteren Möglichkeiten als das angemessenste ausgewählt worden sein.

Benutzerhinweis.

Wenn Sie Ihre Untersuchungen im Heim abgeschlossen haben unter Verwendung der Checkliste auf den folgenden Seiten und den Erkenntnissen, die Sie im Evaluations-Rahmen festgehalten haben, sollten Sie zu einer allgemeinen Einschätzung kommen. Bitte bewerten Sie die Bemühungen des Heimes an den nebenstehenden Kriterien eines »guten« Heims in ein oder zwei Sätzen und schließen mit einer allgemeinen Schlußfolgerung ab.

Schlußfolgerung

Checkliste
Wie sehr sind Wahlmöglichkeiten in persönlichen Dingen, Pflege und Lebensstil, unter Berücksichtigung eines gebilligten Risikos und der Beschränkungen durch die Öffentlichkeit, Teil der ***Heimphilosophie?***

Erwähnen ***Träger/Manager*** *die Freiheit der Wahl in*
- *Broschüren oder anderen Publikationen?*
- *Verträgen mit Bewohnern?*
- *täglichem Handeln?*
- *Absichtserklärungen?*

Wie weit wird realisiert, daß eine sichere und gesicherte Umgebung des Heims auch ***mehr Platz*** *für Wahlmöglichkeiten als sonst bieten sollte?*

Enthalten Konzeptionen und Richtlinien Aussagen über den ***Risikograd,*** *der vertretbar ist?*

Wissen ***Mitarbeiter*** *und* ***Freiwillige,*** *daß sie den Bewohnern bei der Ausübung ihrer Wahlfreiheit helfen sollen?*
- *Haben sie eine Kopie der Heimkonzeption?*
- *Ist sie ein Teil der Grundausbildung?*
- *Ist sie Teil anderer Ausbildung?*
- *Wird sie in Berichten über Ausbildungstreffen erwähnt?*
- *Wird sie bei Bewerbungen diskutiert?*
- *Ist sie ein Teil der Stellenbeschreibung?*
- *Wird in Arbeitsanweisungen darauf Bezug genommen?*
- *Wird sie in der Supervision thematisiert?*

Wird Wahlfreiheit auch von den ***Bewohnern und Verwandten*** *verstanden?*
Wird in Schreiben und Informationen für Bewerber darauf hingewiesen?

Allgemeine Bemerkungen zu Fragen, die hier nicht angesprochen sind.

Schriftliche Informationen Informationen aus früheren Erhebungsbögen, Plänen, Broschüren und Unterlagen, die während des Besuchs eingesehen wurden.	Diskussion Information und Bemerkungen aus Besprechungen mit Managern, Mitarbeitern, Bewohnern und anderen, wie Verwandte/Freunde	Beobachtung Haltungen, Pflegepraktiken, Einrichtungen, Verfahren, Aktivitäten und ähnliches gesehen und gehört.

Checkliste
***Pflegepraktiken**, die die Wahlfreiheit der Bewohner erweitern oder einschränken bei Beachtung verschiedener akzeptabler Risikoebenen*

Gibt es ungeschriebene »Regeln« und Einstellungen, die die Wahlfreiheit ***einschränken***
- *bei der Benutzung der Zimmer?*
- *dem Aufenthalt von anderen Bewohnern oder Besuchern in Schlafräumen?*
- *bei der Auswahl des Aufenthalts-/Speiseraums?*

Haben Bewohner Einfluß auf Personalauswahl oder Schichtzusammensetzung?

Kann der einzelne Bewohner mitbestimmen,
- *wer ihn wäscht/anzieht?*
- *wer sein »Key-Worker« (Bezugspfleger) sein soll?*

Wie lautet die üblich ***persönliche Anrede?***
Wie entstehen Entscheidungen über die Frage,
- *wie sollten die Bewohner angeredet werden?*
- *wie sollten die Bewohner das Personal anreden?*

Erlauben ***Personenzahl*** *und* ***Schichtsystem***
- *ausreichend Kontaktzeit, um Bewohnerwünsche zu erkunden?*
- *daß hilfebedürftige Bewohner gebadet werden, zu Bett gehen können, wann sie es wünschen?*
- *Bewohnern beim Ausgehen zu helfen (Kirche)*

Schriftliche Informationen Informationen aus früheren Erhebungsbögen, Plänen, Broschüren und Unterlagen, die während des Besuchs eingesehen wurden.	**Diskussion** Information und Bemerkungen aus Besprechungen mit Managern, Mitarbeitern, Bewohnern und anderen, wie Verwandte/Freunde	**Beobachtung** Haltungen, Pflegepraktiken, Einrichtungen, Verfahren, Aktivitäten und ähnliches gesehen und gehört.

Fortsetzung von Seite 66

*Behindern **heimübliche Praktiken** die Wahl?*

- *Haben Bewohner ihre eigene Kleidung?*
- *Können sie wählen, was sie anziehen?*
- *Sind die Badetermine festgelegt?*
- *Schränkt die Wäscherei die Auswahl ein?*
- *Sind die Putztermine festgelegt?*

Allgemeine Bemerkungen zu Fragen, die hier nicht angesprochen sind.

Schriftliche Informationen Informationen aus früheren Erhebungsbögen, Plänen, Broschüren und Unterlagen, die während des Besuchs eingesehen wurden.	**Diskussion** Information und Bemerkungen aus Besprechungen mit Managern, Mitarbeitern, Bewohnern und anderen, wie Verwandte/Freunde	**Beobachtung** Haltungen, Pflegepraktiken, Einrichtungen, Verfahren, Aktivitäten und ähnliches gesehen und gehört.

Checkliste
***Vorkehrungen** und Verfahren, die die Ausübung der Wahlfreiheit ermöglichen und die Bemühungen des Heimes überprüfen.*

---

*Welches **Informationsmaterial** für die Wahl von Hausarzt, Zahnarzt, Orthopäde und anderen Fachleuten gibt es?*

- ⇨ *Sind Listen verfügbar?*
- ⇨ *Können Bewohner ihren Hausarzt behalten?*
- ⇨ *Werden Bewohner über die Umstände unterrichtet, die z. B. die Wahl eines entfernt wohnenden Arztes mit sich bringen?*
- ⇨ *Gibt es Gebührenlisten?*

---

*Enthalten die **Bewohnerakten** Pflegepläne oder andere Unterlagen über Wünsche bezüglich*

- ⇨ *der Wahl des Arztes etc.?*
- ⇨ *der Bankverbindungen?*
- ⇨ *dem Erledigen persönlicher finanzieller oder anderer privater Angelegenheiten?*
- ⇨ *der Bestattung (Institut, Kirche, Besonderheiten)?*
- ⇨ *der Nachlaßverwaltung?*

---

*Gibt es Aufzeichnungen über Situationen, in denen im Interesse der betreffenden Person oder anderer die Wahlfreiheit **begrenzt** werden mußte? Werden solche Fälle regelmäßig überprüft?*

---

*Gibt es eine regelmäßige **Überprüfung** von Routinen und Pflegepraktiken, um zu überwachen, ob sie die Wahlfreiheit erweitern oder einschränken?*

- ⇨ *Gibt es eine jährliche Beurteilung?*
- ⇨ *Wird darüber in Personalbesprechungen oder anderen Foren diskutiert?*

Schriftliche Informationen Informationen aus früheren Erhebungsbögen, Plänen, Broschüren und Unterlagen, die während des Besuchs eingesehen wurden.	**Diskussion** Information und Bemerkungen aus Besprechungen mit Managern, Mitarbeitern, Bewohnern und anderen, wie Verwandte/Freunde	**Beobachtung** Haltungen, Pflegepraktiken, Einrichtungen, Verfahren, Aktivitäten und ähnliches gesehen und gehört.

Fortsetzung von Seite 70

Aufnahmeverfahren

- *Kann dieses Heim aus einer Reihe von Alternativen ausgewählt werden?*
- *Welche Informationen gibt es zur Unterstützung der Auswahl?*
- *Besteht die Möglichkeit eines Probeaufenthalts?*
- *Was können Bewohner mitbringen an Haustieren, Möbeln, persönlichen Gegenständen, und wie werden sie darauf aufmerksam gemacht?*
- *Können neue Bewohner Räume und Mitbewohner im Rahmen des Möglichen auswählen?*

Was geschieht, wenn ein Bewohner ***umziehen*** *möchte?*

- *Gibt es eine Wahlmöglichkeit unter öffentlichen Heimen?*
- *Gibt es eine Liste anderer und privater Heime mit Preisangaben?*

Allgemeine Bemerkungen zu Fragen, die hier nicht angesprochen sind.

Schriftliche Informationen Informationen aus früheren Erhebungsbögen, Plänen, Broschüren und Unterlagen, die während des Besuchs eingesehen wurden.	Diskussion Information und Bemerkungen aus Besprechungen mit Managern, Mitarbeitern, Bewohnern und anderen, wie Verwandte/Freunde	Beobachtung Haltungen, Pflegepraktiken, Einrichtungen, Verfahren, Aktivitäten und ähnliches gesehen und gehört.

Checkliste

*Wahlmöglichkeiten von **Speisen** und **Essenszeiten***

---

*Welche Auswahlmöglichkeiten haben die Bewohner hinsichtlich dessen, **was** sie essen möchten?*

- ⇨ *Stellen die Menüs eine echte Wahl dar?*
- ⇨ *Wird für Diäten gesorgt (aus Gesundheits-, Religions- oder Kulturgründen)?*
- ⇨ *Werden Vegetarier korrekt versorgt?*
- ⇨ *Wird das Heim durch zu geringes Budget an einer Angebotsvielfalt gehindert?*
- ⇨ *Wie einfach ist es in der Praxis, nach etwas anderem zu verlangen?*

---

*Können die Bewohner wählen, **wo** sie essen möchten?*

- ⇨ *Gibt es einen Zimmerservice?*
- ⇨ *Gibt es mehr als einen Speiseraum?*
- ⇨ *Können sie Tischpartner mit aggressiven Manieren ablehnen?*

---

*Können sie entscheiden, **wann** sie essen?*

- ⇨ *Gibt es eine variable Frühstückszeit?*
- ⇨ *Sind die Hauptessenszeiten festgelegt, oder kann Essen warmgehalten werden und später eingenommen werden (Ausgehen)?*
- ⇨ *Gibt es Thermowagen, so daß Gruppen zu unterschiedlichen Zeiten essen können?*
- ⇨ *Gibt es Gruppenentscheidungen über Essenszeiten (Ausflüge)?*
- ⇨ *Können Bewohner Getränke und Snacks für sich, Freunde oder Besucher zubereiten?*

Wird die Wahl, was, wann und wo zu essen durch Personalschlüssel oder Wechselroutinen eingeschränkt? Haben Köche flexible Arbeitszeiten?

Allgemeine Bemerkungen zu Fragen, die hier nicht angesprochen sind.

Schriftliche Informationen Informationen aus früheren Erhebungsbögen, Plänen, Broschüren und Unterlagen, die während des Besuchs eingesehen wurden.	**Diskussion** Information und Bemerkungen aus Besprechungen mit Managern, Mitarbeitern, Bewohnern und anderen, wie Verwandte/Freunde	**Beobachtung** Haltungen, Pflegepraktiken, Einrichtungen, Verfahren, Aktivitäten und ähnliches gesehen und gehört.

Checkliste

*Einfluß von **Gebäuden und Umwelt** auf Wahlfreiheit*

Gibt es Auswahl an Räumen, Plätzen und Möglichkeiten, wo
- ⇨ *sich Leute mit gleichen Interessen treffen können?*
- ⇨ *die Wahl zwischen Ruhe/Alleinsein und Gesellschaft besteht?*
- ⇨ *man unerwünschten Aktivitäten entgehen kann?*
- ⇨ *man vor Rauchern oder TV sicher ist?*
- ⇨ *man Besuch bewirten kann?*

Sind die Zimmer für verschiedene Zwecke geeignet?
- ⇨ *Nutzung als Wohnzimmer?*
- ⇨ *Aufnahme von Gästen (Größe)?*
- ⇨ *möbliert für Gäste und Besucher?*
- ⇨ *können die Türen abgeschlossen werden?*

Welche Wahlmöglichkeiten gibt es in den Zimmern?
- ⇨ *Möbel, Vorhänge, Teppiche?*
- ⇨ *Tapeten, Anstrich?*
- ⇨ *Heizung u. Licht regulieren, Fenster öffnen?*

Gibt es angemessene Hilfen/Hilfsmittel, so daß physische Unsicherheit nicht zu einer Einschränkung der Wahlfreiheit führt?
- ⇨ *Gibt es Aufzüge, damit niemand auf seine Etage begrenzt ist?*
- ⇨ *Sind Flure, Treppen und Wege sicher?*
- ⇨ *Ermöglichen Hilfen/Hilfsmittel die Wahl, z. B. dann zu baden, zu Bett zu gehen, wenn das Personal woanders gebraucht wird?*
- ⇨ *Ist das Rufsystem leicht zu bedienen?*

Allgemeine Bemerkungen zu Fragen, die hier nicht angesprochen sind.

Schriftliche Informationen Informationen aus früheren Erhebungsbögen, Plänen, Broschüren und Unterlagen, die während des Besuchs eingesehen wurden.	**Diskussion** Information und Bemerkungen aus Besprechungen mit Managern, Mitarbeitern, Bewohnern und anderen, wie Verwandte/Freunde	**Beobachtung** Haltungen, Pflegepraktiken, Einrichtungen, Verfahren, Aktivitäten und ähnliches gesehen und gehört.

Rechtssicherheit

Evaluations-Rahmen und Checkliste

Name und Adresse des Heims

Datum des Besuchs

Name der Besucher

Name der Aufsichtsbehörde

Das Kriterium dieses Evaluations-Rahmens lautet: Rechtssicherheit definiert als »die Wahrung aller garantierten Bürgerrechte«.

Der Maßstab an dem die Bemühungen des Heimes gemessen werden sollten, ist die Idee eines Heimes, das sich aktiv bemüht, seinen Bewohnern ein Höchstmaß an Rechtssicherheit zu bieten. Ein solch »gutes« Heim wird versuchen:

1. *sicherzustellen, daß kein Bewohner inhumanen oder diskriminierenden Behandlungen – physisch oder psychisch – unterzogen oder gegen seinen Willen zu Tätigkeiten gezwungen wird;*
2. *die Freiheit des Wissens, der Gedanken und des Glaubens zu fördern, zur Teilhabe an politischen Prozessen und freigewählten Aktivitäten, religiöser oder anderer Art zu ermutigen;*
3. *das Recht auf Freiheit – auch von der Teilnahme an Pflege und Behandlung – zu bewahren;*
4. *das private und familiäre Leben ebenso vertrauensvoll zu respektieren wie die persönlichen Angelegenheiten und die Privatsphäre;*
5. *Beziehungen, sexuelle und andere, sowie Heiraten zwischen Bewohnern untereinander und Außenstehenden, zu erlauben und zu ermöglichen;*

6. *Gelegenheiten für gesellschaftliche oder andere Treffen, zu welchem Zweck auch immer, innerhalb und außerhalb des Heimes, ohne Auflagen zu erlauben und zu ermöglichen;*
7. *die Bewohner mit Informationen und anderen geeigneten Mitteln zu versehen, die sie zur Wahrnehmung ihrer Rechte ermutigen und sie dabei unterstützen;*
8. *die individuellen Rechte vor jedweder Art von Diskriminierung, sei es aufgrund des Geschlechts, des Alters, der Rasse, der Hautfarbe, der Sprache, der Religion oder einer anderen politischen oder sonstigen Haltung zu schützen;*
9. *sicherzustellen, daß jede Intervention oder freiheitsbeschränkende Maßnahme (zum Selbstschutz, zum Schutz anderer oder aus sonstigen Gründen) dokumentiert, dem Betroffenen und anderen Beteiligten erklärt und in regelmäßigen, vereinbarten Abständen überprüft wird;*
10. *Verfahren zu installieren, die die Bemühungen um die Rechtssicherheit für die Bewohner überwacht.*

Benutzerhinweis

Wenn Sie Ihre Untersuchungen im Heim abgeschlossen haben unter Verwendung der Checkliste auf den folgenden Seiten und den Erkenntnissen, die Sie im Evaluations-Rahmen festgehalten haben, sollten Sie zu einer allgemeinen Einschätzung kommen. Bitte bewerten Sie die Bemühungen des Heimes an den nebenstehenden Kriterien eines »guten« Heims in ein oder zwei Sätzen und schließen mit einer allgemeinen Schlußfolgerung ab.

Schlußfolgerung

Checkliste
*Wie bedeutsam ist die Achtung der Menschenrechte in der **Heimphilosophie** verankert?*

---

*Erwähnen **Träger/Manager** die Menschenrechte in:*
- ⇨ *Broschüren oder anderen Publikationen?*
- ⇨ *Verträgen mit Bewohnern?*
- ⇨ *täglichem Handeln?*
- ⇨ *Absichtserklärungen?*

---

*Sind den **Mitarbeitern** die Menschenrechte **bekannt**, und ist ihnen bewußt, daß der Heimeinzug keine Reduzierung bedeutet?*
- ⇨ *Ist dies Thema in der Grundausbildung?*
- ⇨ *Ist dies ein Teil anderer Ausbildung?*
- ⇨ *Wird das Thema bei Bewerbungen besprochen?*
- ⇨ *Wird es in Fortbildungsberichten erwähnt?*
- ⇨ *Ist es ein Thema bei Personalbesprechungen?*
- ⇨ *Ist es ein Teil der Stellenbeschreibung?*
- ⇨ *Wird es in Arbeitsanweisungen erwähnt?*
- ⇨ *Gibt es spezielle Ausbildungen, die ein Gefühl für die Bedeutung der Rechtssicherheit und die nötige Akzeptanz vermitteln?*

---

*Kennen **Bewohner und Verwandte** ihre Rechte?*
Wird darauf Bezug genommen in
- ⇨ *Merkblättern für potentielle oder neue Bewohner?*
- ⇨ *Verträgen oder Broschüren?*

Was erzählt man ihnen vor der Aufnahme?

Schriftliche Informationen Informationen aus früheren Erhebungsbögen, Plänen, Broschüren und Unterlagen, die während des Besuchs eingesehen wurden.	Diskussion Information und Bemerkungen aus Besprechungen mit Managern, Mitarbeitern, Bewohnern und anderen, wie Verwandte/Freunde	Beobachtung Haltungen, Pflegepraktiken, Einrichtungen, Verfahren, Aktivitäten und ähnliches gesehen und gehört.

Fortsetzung von Seite 80

Was wird unternommen, damit freiwillige und vorübergehende Hilfen die Rechte der Bewohner kennen?

- ⇨ *in der Unterweisung?*
- ⇨ *in Arbeitsverträgen?*
- ⇨ *in der Arbeitsüberwachung?*

Allgemeine Bemerkungen zu Fragen, die hier nicht angesprochen sind.

Schriftliche Informationen Informationen aus früheren Erhebungsbögen, Plänen, Broschüren und Unterlagen, die während des Besuchs eingesehen wurden.	Diskussion Information und Bemerkungen aus Besprechungen mit Managern, Mitarbeitern, Bewohnern und anderen, wie Verwandte/Freunde	Beobachtung Haltungen, Pflegepraktiken, Einrichtungen, Verfahren, Aktivitäten und ähnliches gesehen und gehört.

Checkliste
Wie deutlich macht sich die Beachtung der Bewohnerrechte in der ***Pflegepraxis*** *bemerkbar?*

Wie werden Bewohner an Entscheidungen über Pflege, Betreuung und Zeitaufwand beteiligt
- ⇨ *vor der Aufnahmeentscheidung?*
- ⇨ *während des Aufnahmeverfahrens?*
- ⇨ *täglich?*
- ⇨ *bei Überprüfungen von Abläufen?*

Wie werden Bewohner zur ***Stimmabgabe (Wahlen)*** *ermutigt und dabei unterstützt?*
- ⇨ *Sind alle im Wählerverzeichnis?*
- ⇨ *Erhalten sie ihre Stimmkarten?*
- ⇨ *Wird beim Weg zur Wahl geholfen?*
- ⇨ *Wird beim Lesen und Ausfüllen von Wahlunterlagen geholfen (Briefwahl)?*
- ⇨ *Schutz vor »gutgemeinter« Beeinflussung?*

Wie werden Bewohner zur Teilnahme an ***Gottesdiensten*** *oder* ***anderen Vorhaben*** *ihrer Wahl und zur Kontaktpflege zu Verwandten und Freunden ermutigt und unterstützt? Durch:*
- ⇨ *Transportregelungen?*
- ⇨ *Begrüßung von Besuchern?*
- ⇨ *Kontakt zu Kirchen und Organisationen?*

Wie ist die allgemeine Atmosphäre?
- ⇨ *Sind die Beziehungen unter den Bewohnern und zum Personal freundlich und offen?*
- ⇨ *Fühlen sie sich frei zu sagen, was sie denken?*
- ⇨ *Erscheinen sie oder das Personal ängstlich und unterdrückt?*
- ⇨ *Verbringt das Personal seine Freizeit mit den Bewohnern?*

Schriftliche Informationen Informationen aus früheren Erhebungsbögen, Plänen, Broschüren und Unterlagen, die während des Besuchs eingesehen wurden.	**Diskussion** Information und Bemerkungen aus Besprechungen mit Managern, Mitarbeitern, Bewohnern und anderen, wie Verwandte/Freunde	**Beobachtung** Haltungen, Pflegepraktiken, Einrichtungen, Verfahren, Aktivitäten und ähnliches gesehen und gehört.

Fortsetzung von Seite 84

Wie wird den Bewohnern die Kontrolle über ihre Kontakte zu anderen ermöglicht? Durch:

- ⇨ *die Lage der Zimmer und Wohn-/Speiseräume?*
- ⇨ *die Anordnung der Tische im Speiseraum?*
- ⇨ *Bewegungsfreiheit innerhalb und außerhalb des Heims?*
- ⇨ *Privatheit der persönlichen Räume?*

Wie ***sensibel*** *handhaben die Mitarbeiter Situationen, in denen die individuellen Bewohnerrechte mit der Freiheit anderer kollidieren, z. B.*

- ⇨ *bei aggressivem Verhalten?*
- ⇨ *wenn eine Person andere dominiert oder ängstigt?*

Gibt es Anzeichen oder Beweise für Freiheitsbeschränkungen oder inhumane/diskriminierende Behandlung?

- ⇨ *Im Verhalten von Mitarbeitern?*
- ⇨ *Beobachtet bei Routinearbeiten?*
- ⇨ *In der Dokumentation?*
- ⇨ *Bei Aufnahmeverfahren?*
- ⇨ *Werden Bewohner vom Personal zu Aktivitäten, Essenszeiten oder Bettzeiten gedrängt?*
- ⇨ *Wurden Bewohner geschlagen oder eingesperrt?*
- ⇨ *Wurden Bewohner zu Arbeiten gezwungen?*
- ⇨ *Haben Bewohner Zugang zu privatem Telefon?*
- ⇨ *Gibt es Beschränkungen beim Senden oder Empfangen von Post?*
- ⇨ *Werden Türen unnötig verschlossen?*
- ⇨ *Gibt es Überwachungskameras?*
- ⇨ *Haben die Räume Türspione?*

Schriftliche Informationen Informationen aus früheren Erhebungsbögen, Plänen, Broschüren und Unterlagen, die während des Besuchs eingesehen wurden.	Diskussion Information und Bemerkungen aus Besprechungen mit Managern, Mitarbeitern, Bewohnern und anderen, wie Verwandte/Freunde	Beobachtung Haltungen, Pflegepraktiken, Einrichtungen, Verfahren, Aktivitäten und ähnliches gesehen und gehört.

Fortsetzung von Seite 86

Gibt es Hinweise oder Beweise für ***Rechtsbeschränkungen*** *aufgrund der Rasse, des Alters, der Hautfarbe, der Sprache, des Glaubens oder politischer Einstellungen:*

- *bei der Wahl von Aktivitäten?*
- *beim Essen?*
- *bei der Behandlung durch das Personal?*
- *in der Dokumentation?*

Umgang mit persönlichen Angelegenheiten der Bewohner

- *Wie wird die Kontrolle über die eigenen Finanzen geregelt?*
- *Wie werden die Bewohner/Betreuer beraten?*
- *Wie ist der Umgang mit Bewohnerfinanzen für Träger/Manager geregelt? Ist das dokumentiert?*
- *Wird das regelmäßig überprüft?*

Welche Vorkehrungen sind getroffen, damit Mitarbeiter vertraulich mit der Leitung reden können, wenn sie Mißhandlungen oder unrechtmäßige Beschränkungen bemerken?

Allgemeine Bemerkungen zu Fragen, die hier nicht angesprochen sind.

Schriftliche Informationen Informationen aus früheren Erhebungsbögen, Plänen, Broschüren und Unterlagen, die während des Besuchs eingesehen wurden.	Diskussion Information und Bemerkungen aus Besprechungen mit Managern, Mitarbeitern, Bewohnern und anderen, wie Verwandte/Freunde	Beobachtung Haltungen, Pflegepraktiken, Einrichtungen, Verfahren, Aktivitäten und ähnliches gesehen und gehört.

Checkliste

Vorkehrungen *zur Sicherheit individueller und allgemeiner Bewohnerrechte.*

Gibt es ein schriftlich festgelegtes Beschwerdeverfahren?
- ⇨ *Ist es sichtbar ausgelegt oder ausgehängt?*
- ⇨ *Ist es Bewohnern/Betreuern geläufig?*
- ⇨ *Macht es deutlich, wohin man sich wenden kann:*
- ⇨ *innerhalb des Heimes?*
- ⇨ *innerhalb der Organisation (Träger, Manager)?*
- ⇨ *außerhalb (Heimaufsicht, Name)?*
- ⇨ *Sind die Beschwerden und der weitere Umgang damit dokumentiert?*
- ⇨ *Wird das Beschwerderecht genutzt? Wie oft?*

Welche Verfahren gibt es im Falle von Rechtsbeschränkungen?
- ⇨ *Dokumentation?*
- ⇨ *Erklärung und Begründung gegenüber Bewohnern/Betreuern?*
- ⇨ *Träger/Heimaufsicht benachrichtigen?*
- ⇨ *Nachprüfung?*

Gibt es Bestimmungen für die Bewohner über den Zugang zu ihren eigenen Akten?
- ⇨ *Wenn ja: Liegen sie in Schriftform vor? Sind sie den Bewohnern/Betreuern ausgehändigt?*
- ⇨ *Wenn nicht: Wie wird damit in der Praxis umgegangen?*

Gibt es Verfahren, in denen die Bemühungen der Heime in Sachen Rechtssicherheit gemessen werden?
- ⇨ *In Form eines jährlichen Berichts, in Besprechungen oder in einer Personalevaluation?*
- ⇨ *Durch Untersuchungen über Institutionalisierungseffekte?*

Allgemeine Bemerkungen zu Fragen, die hier nicht angesprochen sind.

Schriftliche Informationen Informationen aus früheren Erhebungsbögen, Plänen, Broschüren und Unterlagen, die während des Besuchs eingesehen wurden.	Diskussion Information und Bemerkungen aus Besprechungen mit Managern, Mitarbeitern, Bewohnern und anderen, wie Verwandte/Freunde	Beobachtung Haltungen, Pflegepraktiken, Einrichtungen, Verfahren, Aktivitäten und ähnliches gesehen und gehört.

Selbstverwirklichung

Evaluations-Rahmen und Checkliste

Name und Adresse des Heims

Datum des Besuchs

Name der Besucher

Name der Aufsichtsbehörde

Das Kriterium dieses Evaluations-Rahmens lautet: Selbstverwirklichung definiert als »die Verwirklichung persönlicher Wünsche und Fähigkeiten in allen Bereichen des täglichen Lebens«.

Der Maßstab, an dem die Bemühungen des Heimes gemessen werden sollten, ist die Idee eines Heimes, das seinen Bewohnern aktiv hilft, ein erfülltes Leben zu führen. Ein solch »gutes« Heim wird versuchen:

1. *Kenntnis zu erlangen über Dinge, die die Bewohner in ihrem bisherigen Leben gemacht haben, über besondere Interessen und Fähigkeiten, die sie noch beherrschen;*
2. *die Bewohner bei der Ausübung solcher Fähigkeiten zu unterstützen, sie ihren besonderen Interessen – wenn sie es wünschen – nachgehen zu lassen und neue anzuregen;*
3. *bestehende persönliche Beziehungen zu pflegen und Bedingungen zu schaffen, damit, soweit gewünscht, sich neue entwickeln können;*
4. *mehr auf die positiven Persönlichkeitsanteile wie Erfahrung und Wissen zu bauen, als zu versuchen, die negativen wie Verwirrtheit und Behinderung zu »managen«;*

5. *Bewohnern im Rahmen ihrer Fähigkeiten und Wünsche beim Gebrauch ihrer physischen und mentalen Möglichkeiten zu helfen, ohne die Bewohner, die nicht an Aktivitäten oder Kontakten interessiert sind, zu vernachlässigen;*
6. *die emotionalen und spirituellen Bedürfnisse zu verstehen und sie zu versorgen;*
7. *Bewohner zu ermutigen und dafür zu sorgen, daß sie an Entscheidungen, die ihre Lebensbedingungen betreffen, beteiligt sind, sofern sie dazu in der Lage sind und es wünschen;*
8. *eine stimulierende Umgebung zu gestalten und geeignete unterstützende Dienste zur Verfügung zu stellen;*
9. *flexible Lebensbedingungen zu gestalten, die von den Bewohnern angenommen und entwickelt werden können.*

Benutzerhinweis

Wenn Sie Ihre Untersuchungen im Heim abgeschlossen haben unter Verwendung der Checkliste auf den folgenden Seiten und den Erkenntnissen, die Sie im Evaluations-Rahmen festgehalten haben, sollten Sie zu einer allgemeinen Einschätzung kommen. Bitte bewerten Sie die Bemühungen des Heimes an den nebenstehenden Kriterien eines »guten« Heims in ein oder zwei Sätzen und schließen mit einer allgemeinen Schlußfolgerung ab.

Schlußfolgerung

Checkliste

*Verständnis des **Selbstverwirklichungskonzeptes** und Rolle der stationären Altenhilfe bei der Schaffung angemessener Möglichkeiten und Anregungen.*

---

*Fördern **Träger/Verbände** Selbstverwirklichung als ein wesentliches Anliegen von Heimen in:*

- ⇨ *Broschüren, Darstellungen, Veröffentlichungen?*
- ⇨ *täglichem Management?*

***Versteht das Personal,** daß es wünschenswert ist, die Fähigkeiten der Bewohner durch Ermuntern und Fördern zu fördern? Begrüßen die Mitarbeiter, daß Heime ihre Angebote ausweiten sollten?*

- ⇨ *Wird das in der Grundausbildung behandelt?*
- ⇨ *Ist das ein Thema im In-Service-Training (innerbetriebliche Fortbildung)?*
- ⇨ *Wird es bei Besprechungen diskutiert?*
- ⇨ *Ist es ein Teil der Stellenbeschreibung?*
- ⇨ *Beziehen sich Arbeitsanweisungen darauf?*
- ⇨ *Ist das Personal in einer formalen Ausbildung so mit Selbstverwirklichung vertraut gemacht worden, daß es die Bedeutung internalisieren kann?*

---

*Begreifen die Mitarbeiter, daß Selbstverwirklichung behindert wird durch Praktiken, die von **üblichen Routinen** gelenkt werden (Bettenmachen ohne Wunsch oder Notwendigkeit.)*

---

*Verstehen **Freiwillige** Selbstverwirklichung?*

- ⇨ *Werden sie darin unterrichtet?*
- ⇨ *Haben sie bestimmte Aufgaben?*

Schriftliche Informationen Informationen aus früheren Erhebungsbögen, Plänen, Broschüren und Unterlagen, die während des Besuchs eingesehen wurden.	**Diskussion** Information und Bemerkungen aus Besprechungen mit Managern, Mitarbeitern, Bewohnern und anderen, wie Verwandte/Freunde	**Beobachtung** Haltungen, Pflegepraktiken, Einrichtungen, Verfahren, Aktivitäten und ähnliches gesehen und gehört.

Fortsetzung von Seite 94

*Wissen Bewohner und Verwandte, daß die Aufnahme in ein Heim **nicht Abnahme** von Möglichkeiten bedeutet, sondern eher das **Gegenteil**?*

- ⇨ *Gibt es dazu Merkblätter für potentielle Bewohner?*
- ⇨ *Was hat man ihnen vor der Aufnahme gesagt?*
- ⇨ *Was steht darüber in den Broschüren?*
- ⇨ *Was steht in den Verträgen?*

Allgemeine Bemerkungen zu Fragen, die hier nicht angesprochen sind.

Schriftliche Informationen Informationen aus früheren Erhebungsbögen, Plänen, Broschüren und Unterlagen, die während des Besuchs eingesehen wurden.	Diskussion Information und Bemerkungen aus Besprechungen mit Managern, Mitarbeitern, Bewohnern und anderen, wie Verwandte/Freunde	Beobachtung Haltungen, Pflegepraktiken, Einrichtungen, Verfahren, Aktivitäten und ähnliches gesehen und gehört.

Checkliste

Planungen, um die Bedürfnisse der Bewohner zu erkunden und zu befriedigen.

Gibt es einen schriftlichen Pflegeplan für jeden Bewohner? Wenn ja:

- ⇨ *Sind Bewohner/Betreuer daran beteiligt?*
- ⇨ *Beinhalten sie Aussagen zur Förderung von Fähigkeiten?*
- ⇨ *Benennen sie Stärken/Schwächen?*
- ⇨ *Spezifizieren sie die Beteiligung von Verwandten/Freunden/Betreuern?*
- ⇨ *Nehmen sie Rücksicht auf Kultur/Schicht/Geschlecht?*
- ⇨ *Beinhalten sie Gesundheitsvorsorge?*
- ⇨ *Nehmen sie Rücksicht auf spirituelle und emotionale Bedürfnisse?*
- ⇨ *Wer ist an Nachprüfungen beteiligt?*

Bewirken schriftliche Pläne ***in der Praxis*** *etwas?*

- ⇨ *Werden Pläne mit Engagement verfolgt?*
- ⇨ *Werden Fortschritte festgestellt? Wie häufig?*

Wenn keine schriftlichen Pläne existieren, gibt es ***andere Hinweise*** *für Planungen?*

- ⇨ *Ist die Dokumentation aussagekräftig?*
- ⇨ *Gibt es Hinweise in anderen Aufzeichnungen?*
- ⇨ *Besprechen Mitarbeiter solche Angelegenheiten (vertraulich) mit Bewohnern/Betreuern?*

Wie wird in schriftlichen oder anderen Pflegeplänen auf Bewohner Rücksicht genommen, die ***gar nichts*** *zu tun wünschen?*

Ist die Rechtssicherheit für die Bewohner in Plänen gewährleistet?

Allgemeine Bemerkungen zu Fragen, die hier nicht angesprochen sind.

Schriftliche Informationen Informationen aus früheren Erhebungsbögen, Plänen, Broschüren und Unterlagen, die während des Besuchs eingesehen wurden.	**Diskussion** Information und Bemerkungen aus Besprechungen mit Managern, Mitarbeitern, Bewohnern und anderen, wie Verwandte/Freunde	**Beobachtung** Haltungen, Pflegepraktiken, Einrichtungen, Verfahren, Aktivitäten und ähnliches gesehen und gehört.

Checkliste

*Bemühungen des Managements und der Mitarbeiter, den Bewohnern bei der Maximierung ihrer Fähigkeiten zu **helfen,** sie zu **ermutigen,** zu **stimulieren?***

---

*Werden Dinge eher **mit** als für die Bewohner unternommen?*

---

*Wie werden Bewohner **ermutigt/angeregt/unterstützt** Dinge zu tun wie:*

- ⇨ *Möbel/Gardinen/Dekor aussuchen?*
- ⇨ *ihre Zimmer aufzuräumen zu ordnen?*
- ⇨ *andere lästige Pflichten zu erledigen?*
- ⇨ *Mahlzeiten zu planen, vorzubereiten oder zu servieren?*
- ⇨ *Abwechslungen/Aktivitäten zu planen?*

---

*Welche Formen des **gemeinsamen Planens** von Bewohnern und Mitarbeitern gibt es?*

- ⇨ *Gibt es ein Bewohner-Komitee?*
- ⇨ *Wenn ja: Gibt es Aushänge, Termine?*

---

*Haben Mitarbeiter **Zeit**, Hilfe anzubieten? Ist der **Personalschlüssel** angemessen?*

Kontinuität der Kontakte zwischen Personal und Bewohnern.

- ⇨ *Gibt es »Key-Worker« (Bezugspfleger)oder ähnliche Systeme?*
- ⇨ *Berücksichtigt Schichtplanung Kontinuität?*
- ⇨ *Gibt es eine hohe Fluktuation?*
- ⇨ *Spielt bei Personalbeschaffungsmaßnahmen die Bereitschaft zur aktivierenden Hilfe eine wichtige Rolle?*

Schriftliche Informationen Informationen aus früheren Erhebungsbögen, Plänen, Broschüren und Unterlagen, die während des Besuchs eingesehen wurden.	**Diskussion** Information und Bemerkungen aus Besprechungen mit Managern, Mitarbeitern, Bewohnern und anderen, wie Verwandte/Freunde	**Beobachtung** Haltungen, Pflegepraktiken, Einrichtungen, Verfahren, Aktivitäten und ähnliches gesehen und gehört.

Fortsetzung von Seite 100

*Wird auf die Bereithaltung von **Materialien** für Aktivitäten Wert gelegt (Holz, Ton, Wolle etc.)?*

*Respektieren die Mitarbeiter Wünsche von Bewohnern, **nichts** zu tun? Wie wird sichergestellt, daß Bewohner **ausgehen** (z. B. Kirchgang), Freunde besuchen oder zur Wahl gehen können?*

Allgemeine Bemerkungen zu Fragen, die hier nicht angesprochen sind.

Schriftliche Informationen Informationen aus früheren Erhebungsbögen, Plänen, Broschüren und Unterlagen, die während des Besuchs eingesehen wurden.	Diskussion Information und Bemerkungen aus Besprechungen mit Managern, Mitarbeitern, Bewohnern und anderen, wie Verwandte/Freunde	Beobachtung Haltungen, Pflegepraktiken, Einrichtungen, Verfahren, Aktivitäten und ähnliches gesehen und gehört.

Checkliste

Eignung von Gebäude und Anlagen durch Lage, Einrichtungen, Erreichbarkeit, Schutz und Sicherheit.

Ermöglicht die Lage einen leichten Zugang zu Einrichtungen, z. B. Banken, Geschäften, Gaststätten, Post und Verkehrsmitteln?

Bieten Gebäude und Anlagen eine geschützte, sichere und beherrschbare Umgebung, in der die Bewohner aktiv sein können?

- ⇨ *Sanitäreinrichtungen in den Zimmern?*
- ⇨ *Abschließbare Schränke und Türen?*
- ⇨ *Ist die Ausstattung der Zimmer gut zugänglich (Waschbecken, Schränke, Toiletten)?*
- ⇨ *Gibt es ausreichend Hilfen/Hilfsmittel, die möglichst viel selbständige Bewegungsfreiheit gewährleisten (Aufzüge, Handläufe)?*
- ⇨ *Gibt es Gefahrenquellen, die Aktivität behindern (z. B. steile, schlecht beleuchtete Treppen, rutschige Bodenbeläge, Stolperfallen, Stufen, Mauervorsprünge, Lampen und Feuerlöscher)?*
- ⇨ *Sind die Sicherheitsvorkehrungen ausreichend?*

Welche Vorkehrungen sind zur Überprüfung und zur ständigen Nachbesserung getroffen?

Gibt es Einrichtungen für ***Selbsthilfeaktivitäten*** *wie Waschmaschinen für persönliche Wäsche?*

Gibt es ausreichende und geeignete Räumlichkeiten für ***Aktivitäten*** *(Bildung, Sport, Hobbys, Beschäftigungstherapie, Gartenarbeiten, Kosmetik u.ä.)?*

Gibt es Räume zum Empfang von Besuch?

- ⇨ *separat und privat?*
- ⇨ *mit Möglichkeiten zur Bewirtung?*

Allgemeine Bemerkungen zu Fragen, die hier nicht angesprochen sind.

Schriftliche Informationen Informationen aus früheren Erhebungsbögen, Plänen, Broschüren und Unterlagen, die während des Besuchs eingesehen wurden.	Diskussion Information und Bemerkungen aus Besprechungen mit Managern, Mitarbeitern, Bewohnern und anderen, wie Verwandte/Freunde	Beobachtung Haltungen, Pflegepraktiken, Einrichtungen, Verfahren, Aktivitäten und ähnliches gesehen und gehört.

Checkliste
Gesundheits- und andere Unterstützungsdienste, die den Bewohnern helfen, gemäß ihren Wünschen und Vorstellungen aktiv zu sein.

---

*Sind **unterstützende** Dienste vorhanden?*
- *Bücherdienst. Sorgt er für Literatur für ethnische Minderheiten (Sprache/Autoren)?*
- *Bildungskurse?*
- *Beschäftigungstherapie?*
- *Frisiermöglichkeiten für Bewohner, die das Heim nicht verlassen können?*
- *Seelsorge?*

---

*Ist die **gesundheitliche** Versorgung angemessen und geeignet, die Aktivitätsmöglichkeiten der Bewohner einzuschätzen und zu überwachen?*
- *Zugang zu physiotherapeutischer Behandlung?*
- *Beratung mit Hausarzt und Beratung über physische und mentale Verfassung?*
- *Ist die Sozialstation verfügbar?*
- *Regelmäßige Fußpflege?*
- *Gibt es Möglichkeiten für Hör- und Sehtests?*
- *Zahnärztliche Versorgung?*

---

*Sind **Verwandte/Freunde/Betreuer** gern gesehen?*

---

*Werden **Freiwillige** eingesetzt, um Bewohner bei Besuchen (Bank, Post, Theater) zu begleiten und sie in ihren sonstigen Aktivitäten zu unterstützen?*

---

*Gibt es **sozialarbeiterische** Unterstützung für das Heim oder für einzelne Bewohner?*

Kümmert sich das Heim um Beförderungsmöglichkeiten?

Schriftliche Informationen Informationen aus früheren Erhebungsbögen, Plänen, Broschüren und Unterlagen, die während des Besuchs eingesehen wurden.	**Diskussion** Information und Bemerkungen aus Besprechungen mit Managern, Mitarbeitern, Bewohnern und anderen, wie Verwandte/Freunde	**Beobachtung** Haltungen, Pflegepraktiken, Einrichtungen, Verfahren, Aktivitäten und ähnliches gesehen und gehört.

Unabhängigkeit

Evaluations-Rahmen und Checkliste

____

Name und Adresse des Heims

____

Datum des Besuchs

____

Name der Besucher

____

Name der Aufsichtsbehörde

Das Kriterium dieses Evaluations-Rahmens lautet: Unabhängigkeit definiert als »ohne Rechtfertigungszwang gegenüber irgendeiner anderen Person zu denken und zu handeln, einschließlich des Rechts, ein abgewogenes Risiko einzugehen«.

Der Maßstab, an dem die Bemühungen des Heimes gemessen werden sollten, ist die Idee eines Heimes, das seinen Bewohnern aktiv hilft, den Grad von Unabhängigkeit zu erreichen, der ihren Fähigkeiten und Wünschen entspricht. Ein solches »gutes« Heim wird versuchen:

1. *die früheren Lebensumstände der Bewohner zusammen mit ihnen und ihren Verwandten/Betreuern in Erfahrung zu bringen, um so die Unabhängigkeitserwartungen und -wünsche zu verstehen;*
2. *den Bewohnern zu helfen, unabhängig zu denken und zu handeln und dabei ihre Fähigkeiten, die Beeinträchtigung anderer, die gesellschaftlichen Beschränkungen und die mit der Selbständigkeit verbundenen Risiken zu berücksichtigen;*

3. *die Bewohner zu ermutigen und ihnen zu ermöglichen, bei Heimentscheidungen mitzubestimmen soweit sie es wünschen und dazu in der Lage sind;*
4. *die Ansicht der Bewohner über Vorhaben, die ihre Lebensbedingungen im Heim betreffen, zu ermitteln;*
5. *eine physische Umwelt zu kreieren, die es den Bewohnern möglich macht, soviel wie möglich ohne fremde Hilfe für sich selbst zu tun;*
6. *soweit wie nötig Konstitution und Verhalten wahrzunehmen, um eine vernünftige Balance zwischen Unabhängigkeit und Risiko zu gewährleisten;*
7. *Absicherungen einzubauen, die verlangen, daß Einschränkungen der Unabhängigkeit erklärt, begründet und regelmäßig überprüft werden.*

Benutzerhinweis

Wenn Sie Ihre Untersuchungen im Heim abgeschlossen haben unter Verwendung der Checkliste auf den folgenden Seiten und den Erkenntnissen, die Sie im Evaluations-Rahmen festgehalten haben, sollten Sie zu einer allgemeinen Einschätzung kommen. Bitte bewerten Sie die Bemühungen des Heimes an den nebenstehenden Kriterien eines »guten« Heims in ein oder zwei Sätzen und schließen mit einer allgemeinen Schlußfolgerung ab.

Schlußfolgerung

Checkliste

Wieweit formt das Recht, unbeeinflußt zu denken und zu handeln, Teile der ***Heimphilosophie?***

Berücksichtigen ***Träger/Manager*** *den Wert, unabhängig bleiben zu können, in*

- *Broschüren und anderen Darstellungen?*
- *in Heimverträgen?*

Wenn es eine ***Grundsatzerklärung*** *gibt,*

- *wie lautet die Philosophie?*
- *wie äußert es sich zum Recht auf Risiko?*
- *wer kennt es?*

Ist dem ***Personal*** *und den* ***Freiwilligen*** *bewußt, daß die Bewohner so unabhängig wie möglich sein sollten?*

- *Haben sie eine Ausgabe der Grundsatzerklärung?*
- *Wird es in der Grundausbildung behandelt?*
- *Ist es ein Teil anderer Ausbildungen?*
- *Wird es in Ausbildungsberichten erwähnt?*
- *Spielt es bei Bewerbungen eine Rolle?*
- *Wird es bei Besprechungen diskutiert? Bei den Übergaben?*
- *Ist es Teil der Stellenbeschreibung?*
- *Wird in Arbeitsanweisungen darauf Bezug genommen?*
- *Wird es in Tagesberichten erwähnt?*
- *Ist es ein Thema in der Supervision?*
- *Gibt es eine formale Ausbildung, die die Bedeutung von Unabhängigkeit internalisieren hilft?*

Was verstehen ***Bewohner/Verwandte/Betreuer*** *unter Unabhängigkeit? Wird sie in Verträgen, Broschüren oder Merkblättern für potentielle oder neue Bewohner behandelt?*

Allgemeine Bemerkungen zu Fragen, die hier nicht angesprochen sind.

Schriftliche Informationen Informationen aus früheren Erhebungsbögen, Plänen, Broschüren und Unterlagen, die während des Besuchs eingesehen wurden.	Diskussion Information und Bemerkungen aus Besprechungen mit Managern, Mitarbeitern, Bewohnern und anderen, wie Verwandte/Freunde	Beobachtung Haltungen, Pflegepraktiken, Einrichtungen, Verfahren, Aktivitäten und ähnliches gesehen und gehört.

Checkliste

Pflegepraktiken, die den Raum für unabhängiges Denken und Handeln erweitern oder einengen.

Das Pflegepersonal

- ⇨ *macht Dinge **mit** oder für die Bewohner?*
- ⇨ *verbringt Zeit mit ihnen?*
- ⇨ *ermutigt die Bewohner, sich selbst oder andere bei Tisch zu bedienen?*
- ⇨ *bemüht sich Wünsche und Ansichten zu ergründen?*
- ⇨ *reagiert auf Wünsche von Bewohnern?*
- ⇨ *versteht Selbstbestimmung als ein Persönlichkeitsattribut oder als »schwieriges« Verhalten?*
- ⇨ *trägt Uniformen, und wenn dies der Fall ist, bewirkt das die Auffassung, daß man »auf Leute aufpasse«?*
- ⇨ *benutzt ein Key-Worker System mit Programmen zur Förderung der Unabhängigkeit?*

---

*Gibt es **institutionelle** Praktiken?*

- ⇨ *Werden Zimmer automatisch gereinigt, ohne Rückfrage bei den Bewohnern?*
- ⇨ *Wird unterstellt, daß Bewohner ihre finanziellen Angelegenheiten, ihre Medikation nicht selbständig regeln, sich selbst nicht baden oder haushalterische Tätigkeiten nicht ausführen können?*

Gibt es ungeschriebene Regeln und Ansichten über

- ⇨ *Bettzeiten?*
- ⇨ *Benutzung von Schlafzimmern nur nachts?*
- ⇨ *Empfang von Gästen in Privatzimmern?*

Schriftliche Informationen Informationen aus früheren Erhebungsbögen, Plänen, Broschüren und Unterlagen, die während des Besuchs eingesehen wurden.	Diskussion Information und Bemerkungen aus Besprechungen mit Managern, Mitarbeitern, Bewohnern und anderen, wie Verwandte/Freunde	Beobachtung Haltungen, Pflegepraktiken, Einrichtungen, Verfahren, Aktivitäten und ähnliches gesehen und gehört.

Fortsetzung von Seite 112

Erlauben Personalschlüssel und Schichtwechsel

- *Zeitaufwand, um Bewohner zu aktivieren (statt Dinge für sie zu tun, was schneller sein könnte)?*
- *mit Bewohnern Zeit zu verbringen, um ihre Wünsche und Fähigkeiten herauszufinden?*

Wird Bewohnern der Zugang zur Küche, Wäscherei oder anderen Einrichtungen verwehrt und warum?

Allgemeine Bemerkungen zu Fragen, die hier nicht angesprochen sind.

Schriftliche Informationen Informationen aus früheren Erhebungsbögen, Plänen, Broschüren und Unterlagen, die während des Besuchs eingesehen wurden.	Diskussion Information und Bemerkungen aus Besprechungen mit Managern, Mitarbeitern, Bewohnern und anderen, wie Verwandte/Freunde	Beobachtung Haltungen, Pflegepraktiken, Einrichtungen, Verfahren, Aktivitäten und ähnliches gesehen und gehört.

Checkliste
Vorkehrungen und Arrangements zur Ausweitung von Unabhängigkeit und zur Nachprüfung der Heimarbeit.

Enthält die Dokumentation Informationen über die physischen und psychischen Kapazitäten und den Bedürfnisgrad, unabhängig zu handeln?
- ⇨ *Enthalten die Unterlagen Pflegepläne?*
- ⇨ *Wer trägt zu den Informationen bei?*
- ⇨ *Nennt die Dokumentation Stärken/Schwächen?*
- ⇨ *Berücksichtigen die Akten kulturelle Aspekte, die wichtig sind bezüglich Unabhängigkeit?*
- ⇨ *Wer hat Zugang zu den Unterlagen?*
- ⇨ *Behandeln Prüfberichte auch Unabhängigkeit?*

Werden Fälle dokumentiert, in denen Unabhängigkeit durch das Personal im Interesse der betroffenen Personen oder anderer eingeschränkt wird? Werden solche Fälle regelmäßig nachgeprüft?

Werden Strategien, Verfahren und Pflegepraxis regelmäßig überprüft, um festzustellen, ob sie Unabhängigkeit fördern oder begrenzen?
- ⇨ *Wird das auf Besprechungen diskutiert?*
- ⇨ *Gibt es einen Jahresbericht?*

Wie wird mit dem Ausgehen verfahren?
- ⇨ *Müssen Bewohner um Erlaubnis fragen?*
- ⇨ *Müssen sie das Personal benachrichtigen?*
- ⇨ *Welche Kontrollmethoden werden für das Risiko bei verwirrten Bewohnern angewendet?*
- ⇨ *Haben die Bewohner Schlüssel für die Gebäude?*

Werden die Bewohner an Diskussionen über den Ablauf der Tagesroutinen wie Essenszeiten beteiligt?

Allgemeine Bemerkungen zu Fragen, die hier nicht angesprochen sind.

Schriftliche Informationen Informationen aus früheren Erhebungsbögen, Plänen, Broschüren und Unterlagen, die während des Besuchs eingesehen wurden.	Diskussion Information und Bemerkungen aus Besprechungen mit Managern, Mitarbeitern, Bewohnern und anderen, wie Verwandte/Freunde	Beobachtung Haltungen, Pflegepraktiken, Einrichtungen, Verfahren, Aktivitäten und ähnliches gesehen und gehört.

Checkliste

Wieweit erweitern oder begrenzen Gebäude, Anlagen, Möblierung oder Ausstattung Unabhängigkeit?

Haben Bewohner ihren eigenen Privatbereich?

- ⇨ *Können sie ihn nach eigenem Belieben nutzen?*
- ⇨ *Können sie Türen und Schränke abschließen?*
- ⇨ *Können sie Raumtemperatur und Licht regulieren, Fenster öffnen etc.?*
- ⇨ *Haben sie TV-, Stromanschlüsse, Abstellräume?*
- ⇨ *Haben sie Platz und Möbel, um Gäste zu empfangen?*

Gibt es Möglichkeiten, um

- ⇨ *Getränke und Snacks zuzubereiten?*
- ⇨ *persönliche Wäsche zu waschen?*
- ⇨ *private Telefongespräche zu führen?*

Gibt es adäquate und ausreichende Hilfen/Hilfsmittel, um Risiken und die Abnahme von Selbständigkeit aufgrund physischer Unsicherheit zu minimieren?

- ⇨ *Ist das Rufsystem geeignet und leicht zu handhaben?*
- ⇨ *Sind Flure, Treppen und Wege sicher?*
- ⇨ *Können Aufzüge unbewacht benutzt werden?*
- ⇨ *Gibt es Hilfen für Blinde?*
- ⇨ *Gibt es Hilfsmittel, um selbständig Einrichtungen zu benutzen (Handläufe, Griffe in Bädern/Toiletten)?*
- ⇨ *Werden technische Ausstattungen regelmäßig geprüft?*
- ⇨ *Gibt es verschiedene Bäder für verschiedene Behinderungen?*

Wie geräumig und erreichbar sind

- ⇨ *Bäder und WCs?*
- ⇨ *Möglichkeiten für private Telefongespräche?*
- ⇨ *alle Räume und Orte für Behinderte?*

Schriftliche Informationen Informationen aus früheren Erhebungsbögen, Plänen, Broschüren und Unterlagen, die während des Besuchs eingesehen wurden.	Diskussion Information und Bemerkungen aus Besprechungen mit Managern, Mitarbeitern, Bewohnern und anderen, wie Verwandte/Freunde	Beobachtung Haltungen, Pflegepraktiken, Einrichtungen, Verfahren, Aktivitäten und ähnliches gesehen und gehört.

Fortsetzung von Seite 118

Gibt es Gefahrenquellen, die die Mobilität behindern und zu Behutsamkeit veranlassen (z. B. steile, schlecht beleuchtete Treppen, rutschige Bodenbeläge, Stolperfallen, Stufen, Mauervorsprünge, Lampen und Feuerlöscher)?

Wie gut begehbar sind die Anlagen für Menschen mit eingeschränkter Mobilität (Seh-, Hörschwäche)?

Wie geeignet ist die Lage des Heims für den Besuch von Geschäften, Banken, Kirchen, Gasthäusern etc.?

Sind Möbel und Einrichtung sorgfältig gewählt?

- ⇨ *Sind die Betten zu niedrig, um allein aufzustehen?*
- ⇨ *Sind die Stühle stabil genug, daß sie als Aufstehhilfe dienen können und von Hilfe unabhängig machen?*
- ⇨ *Ist das Geschirr in Form und Gestalt auch für unsichere Hände geeignet?*
- ⇨ *Lassen sich Töpfe und Wasserkessel leicht mit Wasser füllen und heben?*
- ⇨ *Können Gardinen/Vorhänge geöffnet und geschlossen werden?*
- ⇨ *Sind die Fußbodenbeläge trittsicher?*

Allgemeine Bemerkungen zu Fragen, die hier nicht angesprochen sind.

Schriftliche Informationen Informationen aus früheren Erhebungsbögen, Plänen, Broschüren und Unterlagen, die während des Besuchs eingesehen wurden.	Diskussion Information und Bemerkungen aus Besprechungen mit Managern, Mitarbeitern, Bewohnern und anderen, wie Verwandte/Freunde	Beobachtung Haltungen, Pflegepraktiken, Einrichtungen, Verfahren, Aktivitäten und ähnliches gesehen und gehört.

Privatheit

Evaluations-Rahmen und Checkliste

Name und Adresse des Heims

Datum des Besuchs

Name der Besucher

Name der Aufsichtsbehörde

Das Kriterium dieses Evaluations-Rahmens lautet: Privatheit definiert als »das Recht, allein, ungestört und unbeeinträchtigt zu sein sowie öffentlich unbehelligt Beziehungen zu anderen Menschen pflegen zu können«.

Der Maßstab, an dem die Bemühungen des Heimes gemessen werden sollten, ist die Idee eines Heimes, das sich aktiv bemüht, verschiedene Aspekte von Privatheit zu sichern und zu erweitern. Ein solches »gutes« Heim wird versuchen:

1. *die früheren Lebensumstände der Bewohner gemeinsam mit ihnen und ihren Verwandten/Betreuern in Erfahrung zu bringen, um so die Privatheitserwartungen und -wünsche zu verstehen;*
2. *herauszufinden, bis zu welchem Grad, Umfang und unter welchen Umständen der Kontakt mit anderen Bewohnern gewünscht wird;*
3. *sicherzustellen, daß Bewohner unbehelligt und zustimmungsfrei Menschen treffen, Unterhaltungen führen, Telefongespräche empfangen und halten, korrespondieren und Besucher empfangen können;*
4. *sicherzustellen, daß Bewohner baden, sich waschen, und die Toilette benutzen können, ohne überwacht oder beobachtet zu werden, und daß sie sicher sein können, weder zufällig noch fürsorglich noch routinemäßig behelligt zu werden;*
5. *sicherzustellen, daß sich der Umfang von Anzieh-, Bade-, Wasch- oder Toilettenhilfen an den Bedürfnissen nach Privatheit orientiert und so gering wie nötig ausfällt;*

6. *geeignete Gesprächsmöglichkeiten für Bewohner einzurichten, um persönliche Dinge mit dem Personal und private mit Besuchern zu erörtern;*
7. *sicherzustellen, daß die Mitarbeiter diskret mit Bewohnerangelegenheiten umgehen und vertrauliche Informationen geheimhalten;*
8. *sicherzustellen, daß die essentiellen hauswirtschaftlichen und administrativen Maßnahmen die Privatheit von einzelnen oder Gruppen möglichst wenig verletzen;*
9. *Absicherungen einzubauen, die garantieren, daß jede Beeinträchtigung von Privatheit, die seitens der Verwaltung für unabdingbar gehalten wird, erklärt, begründet und in regelmäßigen Abständen überprüft wird;*
10. *eine physische Umwelt zu gestalten, die die Menschen vor Neugier schützt,*
    – die ihnen die Wahl zwischen Alleinsein und Gesellschaft erlaubt,
    – die jedem einzelnen persönlichen und privaten Freiraum läßt,
    – die Sicherheit von Daten und Eigentum gewährleistet und
    – die die uneingeschränkte Privatheit auch in gemeinschaftlich genutzten Einrichtungen wie Bädern und Toiletten garantiert.

Benutzerhinweis

Wenn Sie Ihre Untersuchungen im Heim abgeschlossen haben unter Verwendung der Checkliste auf den folgenden Seiten und den Erkenntnissen, die Sie im Evaluations-Rahmen festgehalten haben, sollten Sie zu einer allgemeinen Einschätzung kommen. Bitte bewerten Sie die Bemühungen des Heimes an den nebenstehenden Kriterien eines »guten« Heims in ein oder zwei Sätzen und schließen mit einer allgemeinen Schlußfolgerung ab.

Schlußfolgerung

Checkliste
*Wie sehr wird das Bedürfnis der Menschen nach Privatheit und Vertrauen als ein Teil der **Heimphilosophie** akzeptiert?*

---

*Drücken **Träger/Manager** ihre Anerkennung des Rechts auf Privatheit und Vertraulichkeit der Information aus in*
- ⇨ *Broschüren und anderen Publikationen?*
- ⇨ *täglichem Handeln?*

---

*Ist dem Personal die Bedeutung von Privatheit und Verschwiegenheit **vertraut**?*
- ⇨ *Wird sie in der Grundausbildung behandelt?*
- ⇨ *Ist sie ein Teil anderer Ausbildungen?*
- ⇨ *Wird sie in Ausbildungsberichten erwähnt?*
- ⇨ *Spielt sie bei Bewerbungen eine Rolle?*
- ⇨ *Wird sie bei Besprechungen diskutiert? Bei den Übergaben?*
- ⇨ *Wird in Arbeitsanweisungen darauf Bezug genommen?*
- ⇨ *Gibt es für das Personal eine Beurteilung der Bemühungen des Heims?*
- ⇨ *Gibt es eine formale Ausbildung, die die Bedeutung von Privatheit internalisieren hilft?*

---

*Begreifen **Bewohner/Verwandte** ihr Recht auf Privatheit und Verschwiegenheit?*
- ⇨ *Gibt es diesbezüglich ein Merkblatt für potentielle oder neue Bewohner?*
- ⇨ *Erwähnen Verträge Privatheit/Vertraulichkeit?*
- ⇨ *Was erfahren Bewohner vor der Aufnahme?*

---

*Ist **Freiwilligen** oder **anderen Betreuern** (z. B. Ergotherapeuten) die Bedeutung von Privatheit/Verschwiegenheit vertraut?*
- ⇨ *Werden sie darin unterrichtet?*
- ⇨ *Haben sie besondere Aufgaben/Verträge?*

Allgemeine Bemerkungen zu Fragen, die hier nicht angesprochen sind.

Schriftliche Informationen Informationen aus früheren Erhebungsbögen, Plänen, Broschüren und Unterlagen, die während des Besuchs eingesehen wurden.	Diskussion Information und Bemerkungen aus Besprechungen mit Managern, Mitarbeitern, Bewohnern und anderen, wie Verwandte/Freunde	Beobachtung Haltungen, Pflegepraktiken, Einrichtungen, Verfahren, Aktivitäten und ähnliches gesehen und gehört.

Checkliste
Wieweit beachtet und erfüllt die ***Pflegepraxis*** *die Rechte und Bedürfnisse der Bewohner nach Privatheit und Vertraulichkeit.*

Beachtet das Personal die Privatheit der Zimmer
- ⇨ *durch anklopfen?*
- ⇨ *durch warten, bis sie hineingebeten werden?*
- ⇨ *werden amtlichen oder anderen Besuchern Zimmer gezeigt, ohne Erlaubnis der Bewohner?*

Werden Eingriffe in die Privatheit aus berechtigten Pflegegründen ***erklärt*** *und* ***überprüft*** *(Verfahren)?*

Können Bewohner sich allein in ihren Zimmern aufhalten? Können sie Besuch empfangen?
Können Bewohner in anderen Teilen des Gebäudes/Anlagen allein sein?

Wie werden ***Besucher*** *vom Personal* ***behandelt****?*
- ⇨ *Werden sie den Bewohnern vorgestellt?*
- ⇨ *Wird um Erlaubnis durch Bewohner nachgesucht?*
- ⇨ *Werden den Bewohnern Besuchsgründe erklärt?*

Wie garantieren die Mitarbeiter die angemessene Privatheit beim ***Waschen*** *und bei der* ***Toilette****?*
- ⇨ *Sind die Türen ganz geschlossen?*
- ⇨ *Wo entkleiden sich Bewohner?*
- ⇨ *Wenn es spezifische Toilettenregelungen für einzelne Bewohner gibt, wie versucht man, das möglichst wenig offensichtlich zu machen?*

Schriftliche Informationen Informationen aus früheren Erhebungsbögen, Plänen, Broschüren und Unterlagen, die während des Besuchs eingesehen wurden.	Diskussion Information und Bemerkungen aus Besprechungen mit Managern, Mitarbeitern, Bewohnern und anderen, wie Verwandte/Freunde	Beobachtung Haltungen, Pflegepraktiken, Einrichtungen, Verfahren, Aktivitäten und ähnliches gesehen und gehört.

Fortsetzung von Seite 126

---

*Wird Privatheit durch **Routine** verletzt?*

- ⇨ *Richtet sich die Reinigung der Räume nach den Tagesroutinen der Bewohner, oder vice versa?*
- ⇨ *Erlauben Personalzahlen und Wechselplanung Flexibilität in den Routinen?*
- ⇨ *Sind die Zimmertüren nachts angelehnt?*
- ⇨ *Betritt die Nachtwache routinemäßig die Zimmer?*

---

*Gibt es **Routinen**, die Privatheit fördern (z. B. Schließen von Toilettentüren, wenn Bewohner das nicht tun)?*

Welche Vorkehrungen gibt es für Klienten, die auf ihrem Zimmer essen müssen oder wollen

- ⇨ *auf eigenen Wunsch?*
- ⇨ *aufgrund sozial inakzeptablem Verhalten?*

Privatheit der Mitarbeiter

- ⇨ *Haben sie Zugang zur Heimleitung, um private Angelegenheiten zu besprechen?*
- ⇨ *Wurden Mitarbeiter jemals öffentlich gerügt?*
- ⇨ *Werden Personalangelegenheiten im Beisein von Bewohnern besprochen?*

Schriftliche Informationen Informationen aus früheren Erhebungsbögen, Plänen, Broschüren und Unterlagen, die während des Besuchs eingesehen wurden.	Diskussion Information und Bemerkungen aus Besprechungen mit Managern, Mitarbeitern, Bewohnern und anderen, wie Verwandte/Freunde	Beobachtung Haltungen, Pflegepraktiken, Einrichtungen, Verfahren, Aktivitäten und ähnliches gesehen und gehört.

Fortsetzung von Seite 130

Können die Bewohner in privaten Angelegenheiten mit der Heimleitung sprechen?

- ⇨ *Jederzeit?*
- ⇨ *Wo (Büro/Zimmer/anderer Ort)?*
- ⇨ *Wenn im Büro, wird die Tür geschlossen?*

Wie erhalten die Bewohner ***Post?***

- ⇨ *Briefkasten am Zimmer?*
- ⇨ *Wird im Zimmer ausgehändigt?*
- ⇨ *Wird im Aufenthalts-/Speiseraum überreicht?*
- ⇨ *Wird im Büro/Empfang abgeholt?*

Vertraulichkeit von Informationen?

- ⇨ *Ist die Dokumentation verschlossen?*
- ⇨ *Welche und wie werden Informationen an das Personal (»Key-Worker«) weitergegeben?*
- ⇨ *Sorgen die Mitarbeiter dafür, daß Besprechungen über Bewohner privat bleiben (Tür geschlossen)?*
- ⇨ *»Tratschen« Mitarbeiter über Bewohner?*

Allgemeine Bemerkungen zu Fragen, die hier nicht angesprochen sind.

Schriftliche Informationen Informationen aus früheren Erhebungsbögen, Plänen, Broschüren und Unterlagen, die während des Besuchs eingesehen wurden.	**Diskussion** Information und Bemerkungen aus Besprechungen mit Managern, Mitarbeitern, Bewohnern und anderen, wie Verwandte/Freunde	**Beobachtung** Haltungen, Pflegepraktiken, Einrichtungen, Verfahren, Aktivitäten und ähnliches gesehen und gehört.

Checkliste

Bedeutung von Gebäuden und Anlagen für Privatheit, Eigentum und Angelegenheiten der Bewohner.

---

*Ist die **Bauweise** und Lage des Heims geeignet?*

- ⇨ *Kann man in die Zimmer hineinsehen?*
- ⇨ *Können Passanten in Aufenthaltsräume sehen?*
- ⇨ *Kann man Bewohner in den Anlagen beobachten?*
- ⇨ *Können Passanten ungewöhnliches Verhalten von Bewohnern leicht wahrnehmen?*
- ⇨ *Ist das Gebäude exzessivem Lärm, Vandalismus, unbefugtem Betreten ausgesetzt?*

---

*Bietet das Heim geeigneten **Schutz** (Fenster, Türen, Alarmsystem etc.)?*

Wieviel Bewohner haben Einzelzimmer?

- ⇨ *Können die Zimmertüren abgeschlossen werden?*
- ⇨ *Kann man in die Zimmer sehen, wenn die Türen geschlossen sind (Türspione, Innenfenster)?*

Wieviel Mehrpersonenzimmer gibt es?

- ⇨ *Haben die Bewohner persönlichen Freiraum?*
- ⇨ *Gibt es Sichtschutz?*
- ⇨ *Ist die Möblierung so gestaltet, daß sie Privatheit ermöglicht?*
- ⇨ *Können die Bewohner sich unbeobachtet waschen?*

Haben die Zimmer genügend Stauraum für Kleider und private Dinge?

- ⇨ *Hat jeder Bewohner eigene Möbelstücke?*
- ⇨ *Sind die Schränke abschließbar?*
- ⇨ *Können Behinderte Schubladen, Schlüssel und Griffe erreichen?*

Schriftliche Informationen Informationen aus früheren Erhebungsbögen, Plänen, Broschüren und Unterlagen, die während des Besuchs eingesehen wurden.	**Diskussion** Information und Bemerkungen aus Besprechungen mit Managern, Mitarbeitern, Bewohnern und anderen, wie Verwandte/Freunde	**Beobachtung** Haltungen, Pflegepraktiken, Einrichtungen, Verfahren, Aktivitäten und ähnliches gesehen und gehört.

Fortsetzung von Seite 132

Haben die Zimmer geeignete Gardinen und Vorhänge?

Sind Gemeinschaftsbäder und -toiletten geeignet gelegen, gestaltet und ausgestattet?
- ⇨ *Können Türen verschlossen werden (mit Notfallöffnung)?*
- ⇨ *Sind Bäder und Toiletten geräumig genug für Behinderte (Rollstühle)?*
- ⇨ *Sind sie mit Hilfen ausgerüstet, um möglichst viel Selbständigkeit zu gewährleisten?*

Gibt es in Mehrbettzimmern Möglichkeiten, private Gäste zu empfangen?

Gibt es außer den Zimmern, Räume für einzelne oder Gruppen, um privat sein zu können?
Kann man ungestört telefonieren?

Gibt es separate Eßmöglichkeiten für Behinderte oder Kranke mit störenden Eßweisen?

Gibt es Möglichkeiten für private Besprechungen oder Diskussionen?
- ⇨ *Konferenz-/Diskussionsraum?*
- ⇨ *Büro?*
- ⇨ *Personalraum?*

Gibt es sichere Aufbewahrungsmöglichkeiten für private Unterlagen?

Allgemeine Bemerkungen zu Fragen, die hier nicht angesprochen sind.

Schriftliche Informationen Informationen aus früheren Erhebungsbögen, Plänen, Broschüren und Unterlagen, die während des Besuchs eingesehen wurden.	**Diskussion** Information und Bemerkungen aus Besprechungen mit Managern, Mitarbeitern, Bewohnern und anderen, wie Verwandte/Freunde	**Beobachtung** Haltungen, Pflegepraktiken, Einrichtungen, Verfahren, Aktivitäten und ähnliches gesehen und gehört.

Würde

Evaluations-Rahmen und Checkliste

Name und Adresse des Heims

Datum des Besuchs

Name der Besucher

Name der Aufsichtsbehörde

Das Kriterium dieses Evaluations-Rahmen lautet: Würde definiert als »die uneingeschränkte Anerkennung der intrinsischen Wertvorstellungen eines Menschen durch die Achtung seiner Einzigartigkeit und seiner persönlichen Bedürfnisse«.

Der Maßstab an dem die Bemühungen eines Heimes gemessen werden sollten, ist die Idee eines Heimes, das den Bewohnern aktiv hilft, in Würde zu leben. Ein solches »gutes« Heim wird versuchen:

1. *eine verständliche Philosophie zu etablieren, die die Würde sicherstellt;*
2. *die Bewohner und geeignete Verwandte bei Entscheidungen – einschließlich riskanter – die sie selbst betreffen, einzubeziehen;*
3. *die Gesamtperson, wie sie jetzt ist, im Kontext ihrer bisherigen Lebenserfahrung anzuerkennen;*
4. *kulturelle Bedürfnisse und Normen zu erkennen und zu befriedigen;*
5. *mehr Empathie für die Belange der Bewohner durch die Einrichtung besonderer Dienste aufzubringen als für die Interessen der Belegschaft;*
6. *durch Ermöglichung eigener Wohnlichkeit und die Integration in die weitere Gemeinschaft des Hauses ein »Zuhausegefühl« zu entwickeln;*

7. *Privatheit und Vertrauen zu respektieren und zu garantieren;*
8. *Ansichten der Bewohner wahrzunehmen und darauf zu reagieren;*
9. *sensibel und prompt auf jede Beschwerde von Bewohnern, Angehörigen und Verantwortlichen zu antworten;*
10. *Gelegenheiten zu schaffen, das Leben über die Grenzen des Heimes hinaus zu erweitern;*
11. *den Zugang zur notwendigen Dokumentation, für die betroffenen Personen, offen und erreichbar zu halten;*
12. *die baulichen Gegebenheiten und Strukturen kreativ und geschickt für die Förderung von Fähigkeiten zu nutzen;*
13. *der Gesamtbelegschaft Unterstützung, Fortbildung und Beteiligung an Entscheidungsprozessen zuteil werden zu lassen;*
14. *sicherzustellen, daß das Management den Beitrag der Gesamtbelegschaft an der Führung des Heimes würdigt und ihre Ansichten über die weitere Entwicklung und Gestaltung ernstnimmt.*

Benutzerhinweis

Wenn Sie Ihre Untersuchungen im Heim abgeschlossen haben unter Verwendung der Checkliste auf den folgenden Seiten und den Erkenntnissen, die Sie im Evaluations-Rahmen festgehalten haben, sollten Sie zu einer allgemeinen Einschätzung kommen. Bitte bewerten Sie die Bemühungen des Heimes an den nebenstehenden Kriterien eines »guten« Heims in ein oder zwei Sätzen und schließen mit einer allgemeinen Schlußfolgerung ab.

Schlußfolgerung

Checkliste

Pflegephilosophie des Heims und ihre Umsetzung.

---

*Wird vom **Träger/Manager** die Wahrung der Würde als wesentliches Element **herausgestellt***
- *in Broschüren oder Publikationen?*
- *in täglichem Handeln?*

---

*Gibt es ein **Philosophie**-Statement?*
- *Wo ist es festgehalten?*
- *Wer kann es einsehen?*
- *Wer trägt dazu bei?*
- *Wann und wie ist es entstanden?*
- *Ist es wirklich verankert?*

Enthält das Philosophie-Statement folgendes:
- *Behandlung der Bewohner als Erwachsene?*
- *Achtung der Bewohner als ›Ältere‹?*
- *Vermeidung gönnerhafter Behandlung?*
- *Bewohner nicht zur Schau zu stellen?*
- *Einbeziehung in Entscheidungsprozesse?*

Ist Klienten und Verwandten klar, daß Heimaufnahme nicht Würdeverlust bedeuten sollte?
- *Mit welchem schriftlichen Material werden sie vor und bei der Ankunft versorgt?*
- *Ergibt das Material ein konkretes Bild?*

Schriftliche Informationen Informationen aus früheren Erhebungsbögen, Plänen, Broschüren und Unterlagen, die während des Besuchs eingesehen wurden.	Diskussion Information und Bemerkungen aus Besprechungen mit Managern, Mitarbeitern, Bewohnern und anderen, wie Verwandte/Freunde	Beobachtung Haltungen, Pflegepraktiken, Einrichtungen, Verfahren, Aktivitäten und ähnliches gesehen und gehört.

Fortsetzung von Seite 138

Wird die Philosophie in Personalbesprechungen reflektiert?

- ⇨ *Anzahl der Kontakte, der »Key-Worker« (Bezugspfleger) etc.?*
- ⇨ *Angemessenes Verhältnis Voll-/Teilzeitpersonal?*
- ⇨ *Wie wird den Mitarbeitern die Bedeutung der Würde bewußt gemacht (Grundausbildung, In-Service-Training, Vorbilder, Heimphilosophie)?*
- ⇨ *Bezieht sich die Stellenbeschreibung auf Würde?*

Allgemeine Bemerkungen zu Fragen, die hier nicht angesprochen sind.

Schriftliche Informationen Informationen aus früheren Erhebungsbögen, Plänen, Broschüren und Unterlagen, die während des Besuchs eingesehen wurden.	Diskussion Information und Bemerkungen aus Besprechungen mit Managern, Mitarbeitern, Bewohnern und anderen, wie Verwandte/Freunde	Beobachtung Haltungen, Pflegepraktiken, Einrichtungen, Verfahren, Aktivitäten und ähnliches gesehen und gehört.

Checkliste
Behandlung der Bewohner als Individuen, Beteiligung bei Entscheidungen, Anerkennung kultureller Bedürfnisse und Normen.

---

*Wieweit sind die **Bewohner** an Entscheidungen über sich selbst **beteiligt**?*

- ⇨ *Gibt es ein Aufnahmeverfahren?*
- ⇨ *Gibt es Vor-Aufnahme Besuche?*
- ⇨ *Sind Verwandte bei der Aufnahme beteiligt?*
- ⇨ *Werden die Bewohner ermuntert, ihre Angelegenheiten selbst zu regeln (Finanzen, Medikamente)?*

---

*Werden sie als **Individuen** behandelt?*

- ⇨ *Lernen die Mitarbeiter die Menschen kennen?*
- ⇨ *Kennen sie den biographischen Hintergrund und life events der Bewohner?*
- ⇨ *Gibt es »Key-Worker« (Bezugspfleger)?*
- ⇨ *Ist der Personalschlüssel angemessen?*
- ⇨ *Werden Bewohner ermutigt, ihre Erfahrungen zu nutzen und mitzuteilen?*
- ⇨ *Können Bewohner ihre Zimmer individualisieren?*
- ⇨ *Werden Bewohner schon mal zu Dingen gedrängt?*

---

*Anerkennung **kultureller Bedürfnisse und Normen***

- ⇨ *Welche Formen der Anrede werden gebraucht?*
- ⇨ *Wer entscheidet über die Form der Anrede?*
- ⇨ *Geeignetes Personalmix – Geschlecht, Herkunft?*
- ⇨ *Kennt sich das Personal in anderen Kulturen aus?*
- ⇨ *Gibt es Menüwahl? Wie wird darüber informiert?*
- ⇨ *Wie wird mit dem Tod umgegangen (individuell/kollektiv/offen/geheim)?*
- ⇨ *Können die Bewohner wählen, wer sie wäscht?*
- ⇨ *Gibt es Regelungen bezüglich Alkohol/Rauchen, die die Würde der Bewohner und anderer schützen?*

Schriftliche Informationen Informationen aus früheren Erhebungsbögen, Plänen, Broschüren und Unterlagen, die während des Besuchs eingesehen wurden.	**Diskussion** Information und Bemerkungen aus Besprechungen mit Managern, Mitarbeitern, Bewohnern und anderen, wie Verwandte/Freunde	**Beobachtung** Haltungen, Pflegepraktiken, Einrichtungen, Verfahren, Aktivitäten und ähnliches gesehen und gehört.

Fortsetzung von Seite 142

---

*Wie werden **Beschwerden** behandelt?*

- *Kennen die Bewohner die Verfahren?*
- *Werden Beschwerden ernstgenommen?*
- *Sind die Verfahren geeignet und effektiv?*

Allgemeine Bemerkungen zu Fragen, die hier nicht angesprochen sind.

Schriftliche Informationen Informationen aus früheren Erhebungsbögen, Plänen, Broschüren und Unterlagen, die während des Besuchs eingesehen wurden.	Diskussion Information und Bemerkungen aus Besprechungen mit Managern, Mitarbeitern, Bewohnern und anderen, wie Verwandte/Freunde	Beobachtung Haltungen, Pflegepraktiken, Einrichtungen, Verfahren, Aktivitäten und ähnliches gesehen und gehört.

Checkliste

Pflegepraktiken in Relation zu den tatsächlichen Bedingungen und den Situationen, die aus der Hilfebedürftigkeit von Bewohnern resultieren.

---

*Orientiert sich die Pflegepraxis an den **tatsächlichen Begebenheiten** oder an Personalvorteilen?*

- ⇨ *Wie flexibel sind Essenszeiten?*
- ⇨ *Können Bewohner Aufsteh- /Ruhezeiten wählen?*
- ⇨ *Gibt es bestimmte Besuchszeiten?*
- ⇨ *Gesundheitsbetreuung ›persönlich‹ oder ›medizinisch‹?*
- ⇨ *Wie sind die Schichtwechsel arrangiert?*
- ⇨ *Können Bewohner ihre Zimmer selbst gestalten?*

---

*Orientiert sich die Pflegepraxis an **Individuen**?*

- ⇨ *Kontinuität der Beziehungen **Personal/Bewohner**?*
- ⇨ *»Key-Worker« (Bezugspfleger) oder ähnliches System?*
- ⇨ *Gibt es eine hohe Fluktuation?*
- ⇨ *Werden verwirrte Bewohner herablassend behandelt?*
- ⇨ *Wird mit Inkontinenz sensibel umgegangen?*
- ⇨ *Achten Mitarbeiter auf das Äußere der Bewohner?*
- ⇨ *Wie verhalten sich Mitarbeiter, wenn Bewohner beim Essen auffallen?*

---

*Wie entsteht ein **»Zuhausegefühl«**?*

- ⇨ *Können Bewohner ihre Möbel mitbringen?*
- ⇨ *Können Bewohner Möbel/Dekor auswählen?*
- ⇨ *Können Bewohner alleinsein?*
- ⇨ *Können sie in Mehrpersonenzimmern ihre persönliche Umgebung individualisieren?*
- ⇨ *Können Bewohner mitbestimmen (Bewohnerversammlung, Vorschlagbox)?*

Allgemeine Bemerkungen zu Fragen, die hier nicht angesprochen sind.

Schriftliche Informationen Informationen aus früheren Erhebungsbögen, Plänen, Broschüren und Unterlagen, die während des Besuchs eingesehen wurden.	**Diskussion** Information und Bemerkungen aus Besprechungen mit Managern, Mitarbeitern, Bewohnern und anderen, wie Verwandte/Freunde	**Beobachtung** Haltungen, Pflegepraktiken, Einrichtungen, Verfahren, Aktivitäten und ähnliches gesehen und gehört.

Checkliste

Vertraulichkeit von Informationen.

---

*Eigentümer/Aufbewahrung von **persönlichen Akten**.*

- *Wie werden persönliche Informationen von Bewohnern und Personal in Akten festgehalten?*
- *Wo werden sie aufbewahrt?*
- *Welche Aktenführungs-Richtlinien gelten?*
- *Welcher Art von »Monitoring« (Kontrolle) unterliegt der Inhalt?*
- *Wer verfaßt Berichte?*
- *Wissen die Menschen, was über sie geschrieben steht?*
- *Sehen sie die Berichte?*
- *Wie ist der Zugang geregelt?*
- *Tragen die Bewohner zu ihren eigenen Unterlagen bei? Werden sie dazu ermutigt (Pflegepläne)?*

***Sicherheit** der Akten:*

- *Wo werden die Akten aufbewahrt?*
- *Sind sie sicher verschlossen?*
- *Ist die Tür verschlossen, wenn niemand da ist?*
- *Wer hat Schlüssel zum Aktenraum?*

---

*Umgang mit Informationen durch das **Personal**:*

- *Welche Informationen sind dem Personal auf welcher Ebene verfügbar? Gibt es darüber eine offizielle Vereinbarung?*
- *Werden bei Besprechungen persönliche Informationen diskutiert?*
- *Gibt es Personalklatsch über Bewohner?*
- *Gibt es eine vernünftige Balance zwischen pflegenotwendiger Information und Vertraulichkeit?*

Allgemeine Bemerkungen zu Fragen, die hier nicht angesprochen sind.

Schriftliche Informationen Informationen aus früheren Erhebungsbögen, Plänen, Broschüren und Unterlagen, die während des Besuchs eingesehen wurden.	**Diskussion** Information und Bemerkungen aus Besprechungen mit Managern, Mitarbeitern, Bewohnern und anderen, wie Verwandte/Freunde	**Beobachtung** Haltungen, Pflegepraktiken, Einrichtungen, Verfahren, Aktivitäten und ähnliches gesehen und gehört.

Checkliste

Gebäude und Ausstattung.

---

*Wie werden **Struktur und Gestaltung der Gebäude** zur aktivierenden Pflege genutzt?*

- ⇨ *Gibt es Bereiche, die dem Personal oder Besuchern vorbehalten sind?*
- ⇨ *Wie ist die Möblierung gestaltet?*
- ⇨ *Gibt es eine Auswahl unter Aufenthaltsräumen?*
- ⇨ *Können große Räume unterteilt werden?*
- ⇨ *Gibt es geeignete Badezimmer/WCs?*
- ⇨ *Gibt es unterschiedliche Badezimmer/WCs?*
- ⇨ *Sind sie bequem zu erreichen?*
- ⇨ *Gibt es Möglichkeiten für Gartentätigkeiten?*
- ⇨ *Sind die Anlagen zugänglich?*

***Begünstigen** die Gebäude die Wahrung der Würde?*

- ⇨ *Gibt es Schlösser an Zimmern/Bädern/WCs?*
  Sind sie geeignet und funktionieren sie?
- ⇨ *Haben die Bewohner Einzelzimmer?*
- ⇨ *Können sie persönliche Dinge wegschließen?*
- ⇨ *Können sie ungestört und privat Besucher, Ärzte etc. empfangen und sprechen?*
- ⇨ *Gibt es in Zimmern, Bädern, WCs verstellbare Spiegel, um das Erscheinungsbild zu prüfen?*

Schriftliche Informationen Informationen aus früheren Erhebungsbögen, Plänen, Broschüren und Unterlagen, die während des Besuchs eingesehen wurden.	Diskussion Information und Bemerkungen aus Besprechungen mit Managern, Mitarbeitern, Bewohnern und anderen, wie Verwandte/Freunde	Beobachtung Haltungen, Pflegepraktiken, Einrichtungen, Verfahren, Aktivitäten und ähnliches gesehen und gehört.

Fortsetzung von Seite 152

Ist die Ausstattung geeignet, Hilfebedürftigen möglichst viel Selbständigkeit zu gewährleisten?

- ⇨ *Gibt es Anziehhilfen?*
- ⇨ *Sind die Wasserhähne geeignet?*
- ⇨ *Können die Bewohner Schubladen erreichen?*
- ⇨ *Gibt es geeignete Griffe im Bad?*
- ⇨ *Sind die Badezimmer ausrutschsicher?*
- ⇨ *Gibt es geeignete Bestecke und Geschirr für Behinderte und Kranke?*

Allgemeine Bemerkungen zu Fragen, die hier nicht angesprochen sind.

Schriftliche Informationen Informationen aus früheren Erhebungsbögen, Plänen, Broschüren und Unterlagen, die während des Besuchs eingesehen wurden.	Diskussion Information und Bemerkungen aus Besprechungen mit Managern, Mitarbeitern, Bewohnern und anderen, wie Verwandte/Freunde	Beobachtung Haltungen, Pflegepraktiken, Einrichtungen, Verfahren, Aktivitäten und ähnliches gesehen und gehört.

Berichtgestaltung

Dieses Evaluationsmodell eignet sich für Betreiber, Manager, Praktiker, Inspektoren, Ausbilder und vielleicht auch für Bewohner von Einrichtungen der stationären Altenhilfe. Im Falle einer Inspektion steht am Ende ein Abschlußbericht. Dieser ist nicht nur wichtig für den Auftraggeber, sondern ebenso für die untersuchte Einrichtung. Sie erhält eine Beurteilung der bisher geleisteten Arbeit und kann Gebiete erkennen, die einer Weiterentwicklung bedürfen.

Die Form eines solchen Berichts und die Anforderungen, die an ihn gestellt werden, variieren je nach den Vorstellungen der Initiatoren und werden selbstverständlich von ihnen entschieden. Das folgende Gliederungsschema ist deshalb lediglich ein Vorschlag, der sich allerdings als erfolgreich für Inspektionsberichte erwiesen hat, die das hier vorgestellte Evaluationsmodell verwendet haben.

Das Schema reiht vorwiegend Überschriften auf zusammen mit Anregungen, was zu ihnen gehören sollte und könnte.

Der Bericht

1. ***Einleitung***
Gründe für Inspektion, verwendete Methoden etc.

2. ***Grundinformation***
Art der Einrichtung, Bezeichnung, Träger, Zugehörigkeit etc.

3. ***Bewohner***
Belegung, Aufnahme, Entlassung, Kontakt zu Verwandten/Betreuern, Besonderheiten, Unterlagen, Verträge, Beschwerden etc.

4. ***Finanzen***
Pflegesätze, Sonderabrechnungen, persönliche Finanzen etc.

5. ***Gebäude und Grundstück***
Beschreibung, Ausstattung und Zustand, Komfort, Privatheit und Gesellschaft, Besucher, Sicherheit, gesundheitliche Umgebung (Lärm) etc.

6. ***Pflege, soziale Entwicklung und Management***
Einschätzung und Nachprüfung, Personalverhalten, soziale und emotionale Entwicklung, Essen, Essenszeiten, gesundheitliche Betreuung etc.

7. ***Organisation, Heimleitung und Personal***
Personalstruktur, Stellenbeschreibungen, Supervision, Alter, Geschlecht, Herkunft, Qualifikationen, Fluktuation, Administration etc.

8. ***Dokumentation***
Das Heim und der einzelne

9. ***Lebensqualität im Heim***
Privatheit, Würde, Unabhängigkeit, Wahlfreiheit, Rechtssicherheit und Selbstverwirklichung (zu jedem einzelnen Punkt kann der Bezug direkt zu den Kriterien, was ein »gutes« Heim zu erreichen versuchen würde, hergestellt werden).

10. ***Zusammenfassung und Empfehlungen***

11. ***Anhang***
Zum Beispiel: Gebäudepläne, Broschüren etc.

4. Von Werten zu Prinzipien – die Grundrechte der Verfassung als Bausteine für Heime zum Leben

Egbert Ramin

Einleitung

»Mensch sein heißt: als Sterblicher auf der Erde sein, heißt: wohnen.« (Heidegger 1954)

»Die Heimaufsicht verdient vor Ort und innerbehördlich mehr Aufmerksamkeit im Sinne von Unterstützung und kritischer Begleitung, um ihren Beitrag zur fachlichen und humanitären Verbesserung der Heime (weiter)leisten und Bewohner wirksam schützen zu können« (Klie 1988). Nicht nur Aufsichtsinstanzen, sondern auch Bewohner, Beschäftigte, Betreiber und Träger von Altenhilfeeinrichtungen brauchen praktikable, nachvollziehbare Orientierungen zur Einordnung und Überprüfung ihrer Bemühungen.

In Deutschland fallen uns hierzu, nicht zuletzt aufgrund einer traditionell obrigkeitsorientierten Grundeinstellung, gesetzliche Regelungen ein. Ausbau, Ergänzung, Verbesserung bestehender Gesetze oder gar die Verabschiedung eines neuen speziellen Gesetzes scheinen die beste Form, um menschlichere Verhältnisse in Heimen zu schaffen. Dabei wird übersehen, daß im »Gesetz der Gesetze«, dem Grundgesetz, bereits alle Schlüsselqualitäten humanitären Zusammenlebens benannt sind. Die Freiheits- und Grundrechte des Grundgesetzes in einem englischen Sinne prinzipienhaft zu verstehen, gibt ihnen die erforderliche Verbindlichkeit auch im Umgang der Bürger untereinander. Der Festvortragscharakter ist dahin. Die bisherige Beliebigkeit hat Folgen. Mit einem Mal verstoßen nicht immer nur die »anderen«, die nicht unserem direkten Einfluß unterliegen, gegen Menschenrechte.

Während einer Studienreise nach London lernten wir »Homes are for living in« kennen, das die Prinzipiensicht eindrucksvoll demonstriert und für uns Beispielcharakter in Art und Weise einer konsequenten Realisierung von Grund- und Freiheitsrechten darstellt. Die dort formulierten Prinzipien sind universell und basieren auf demselben kulturgeschichtlichen Hintergrund wie unser Grundgesetz, auf dessen Inhalt und Entstehungsgeschichte im Anschluß eingegangen wird.

Die elementaren, unbestrittenen und unteilbaren Menschenrechte, die in dem vorliegenden Betrachtungsfeld Alten- und Pflegeheime geradezu selbstverständlich und unreflektiert außer Kraft gesetzt werden, begründen im folgenden ein Modell, das die o. g. Erwartungen erfüllen kann. Neben der behördlichen Aufsichtspflicht soll auch die nach dem Heimgesetz verlangte Beratungsfunktion mit einem zuverlässigen Instrumentarium ausgestattet werden. So ermöglicht diese englische Vorlage auch eine ständige Selbstkontrolle und Überprüfung des bisher Angestrebten. Auch hier gilt der Satz der betrieblichen Organisationsgestaltung: »You cannot manage, what you cannot measure!« Im vorliegenden Fall bedeutet das: Lebensqualität in der stationären Altenhilfe meßbar machen. Lebensqualität, ein Begriff, der seit seiner Popularisierung in Deutschland durch Willy Brandt in Verbindung mit »Mehr Demokratie wagen« zunehmend im Bereich der Altenarbeit programmatisch verwandt wird, assoziiert Vorstellungen von Machbarem und Erstrebenswertem. Auch drängen sich Begriffe aus der sozio-technischen Systemwelt auf: Qualitätsentwicklung, Qualitätsstandard und natürlich Qualitätskontrolle.

Die lange Tradition zumindest in der theoretischen Beachtung und Entwicklung der Menschenrechte von der Magna Charta bis zu »Homes are for living in« spiegelt die zentrale Bedeutung der Quality of Life wider, die ihrerseits ohne die Gewährleistung der Grundrechte nicht denkbar ist. Die von uns oft als sonderbar und verschroben in Humor, Erscheinung und Verhalten empfundenen Engländer, demonstrieren uns so im Alltag, daß ein Recht auf Risiko, auch auf Unvernunft ein Teil von Lebensqualität ist. Lebensqualität als zentrales Bewertungs- und Beratungskriterium erfordert die Betrachtung des gesamten Menschen in allen seinen Bezügen zu seiner eigenen Entwicklung ebenso wie zu seiner Umwelt.

Lebensqualität

Nachdem der Lebensstandard in unserer Gesellschaft kaum noch zu steigern ist, wird vermehrt seine Qualität diskutiert. Zunächst in einer nüchternen Kosten-Nutzenanalyse, die Qualität in Relation zu finanziellen Aufwendungen zu setzen versucht. Seit Tschernobyl wächst aber die Befürchtung, daß der Lebensstandard verstärkt mit immateriellen Werten bezahlt wird. Vor allem die Diskussionen um Genmanipulation, Abtreibung, Müllentsorgung oder Apparatemedizin kündigen einen Wertewandel an.

Der Wert des Lebens, sein Sinn und seine Grenzen beschäftigt immer mehr Menschen; seit der evidenten Zunahme der Lebenserwartung auch der Wert des Lebens alter Menschen. Hier zeigt die demographische Entwicklung sogar positive Wirkung. Plötzlich erfährt auch die Lebenswirklichkeit in Alten- und Pflegeheimen Beachtung. Über ihre Qualität weiß Volkes Stimme Bescheid: Sie ist schlecht – im pauschalen Urteil. Da kriegen mich keine zehn Pferde rein. Vorher erschieß ich mich. Das ist kein Leben!

Der Letzteres sagt, scheint zu wissen, was Leben ist. Leben und Qualität, zwei Begriffe, die je nach Standort des Betrachters unterschiedlich gefüllt werden. In der medizinischen Lebensqualitätsforschung wird die Vorstellung vertreten, daß das Leben aus einer Sammlung von Mosaiksteinen besteht, die separat betrachtet werden. Nicht notwendigerweise setzen sich die einzelnen Teile sekundär zu nur einem denkbaren Ganzen zusammen.

»Das was analytisch-methodisch getrennt worden ist, wächst in der statistischen Auswertung nicht von selbst wieder zusammen« (Raspe 1990). Logisch, wenn die unterschiedlichen Bereiche unterschiedlich bewertet werden. Lebensbereiche sind nach Bergner (1989): symptoms, functional status, role activities, social functioning, emotional status, cognition, sleep and rest, energy and vitality, health perceptions und general life satisfaction. Daß man bei einer solchen Methodik nicht mehr von dem Leben sprechen kann, ist einleuchtend.

Ähnliches gilt für den zweiten Begriff: »Qualität«. Auch hier kann niemand von einem für alle gleichen Werturteil sprechen. Was für den einen eine wichtige Determinante ist, stellt für einen anderen eine Randerscheinung dar. Die persönliche, individuelle Funktion eines Wertbegriffs macht es eigentlich unmöglich, von der Lebensqualität zu sprechen.

Dies hat in der Medizin dazu geführt, vier miteinander verbundene aber zunehmend komplexe Wertbegriffe zu unterscheiden: Krankheit – Kranksein, Gesundheitszustand – Lebensqualität. Urteile auf der ersten und zweiten

Ebene spezifizieren den Wert von Krankheitsmanifestationen und Krankheitserfahrungen (disease und illness). Beurteilungen auf der dritten und vierten Ebene integrieren die genannten und weitere Urteile und berücksichtigen Gegengewichte, Ausgleichs- und Bewältigungsmöglichkeiten, sozusagen das Gesunde im Kranken.

Der Gesundheitszustand reflektiert v. a. die leibliche, die Lebensqualität, alle denkbaren Aspekte der persönlichen Existenz (Raspe 1990).

Wer diesen sehr eckig gesteckten Definitionsslalom bis ins Ziel durchhält, stellt frustriert fest, daß die Soziologen schon längst da sind: Für sie ist Lebensqualität die individuelle Konstellation von objektiven Lebensbedingungen und subjektivem Wohlbefinden (Glatzer/Zapf 1984). In dieser Definition wird die für uns wichtige Unterscheidung zwischen objektiver und subjektiver oder äußerer und innerer Lebensqualität angedeutet. Die Interdependenz von objektiven und subjektiven Kriterien der Lebensqualität macht die Bedeutung dessen, was von der Sozialpolitik und den zuständigen Gremien in der Altenarbeit zur Gestaltung der äußeren Lebensqualität unternommen wird, so wichtig.

Die äußere Lebensqualität wird entscheidend von der Gemeinschaft und den in ihr agierenden Individuen gestaltet. Gemeinschaften – vom Verein bis zu den Vereinten Nationen – geben sich Verfassungen, in denen sie ihren vereinbarten Zielen verbindliche Regeln zuordnen. Verstöße haben Folgen. Bisher nahezu folgenlos waren hingegen Verstöße gegen die Grundrechte des Grundgesetzes, sofern es sich nicht um Obrigkeitsakte handelte.

Grundrechte im Grundgesetz

»Wenn Verfassung den Gesamtrahmen für unser Dasein abgeben soll, dann muß in ihr in besonderer Weise der Grundzug des Menschenbildes hervortreten. Das ist im deutschen Grundgesetz der Fall. Wir erfahren dort, zu welchem Problem das Menschenbild gelangt. Es ist die Verfassung des Menschen.

Wir können sagen:

1. *Das Grundgesetz basiert auf Grundrechten.*
2. *Die Grundrechte basieren auf der Menschenwürde und*
3. *die Menschenwürde bedeutet, daß der Mensch der höchste Wert der Verfassung ist« (Baruzzi 1979).*

Unsere Verfassung ist in der Form eines Gesetzes verabschiedet und stellt damit wie andere Gesetze (unmittelbar geltendes Recht) auch ein Ordnungsinstrument dar und teilt mit ihnen den normativen Charakter, allerdings mit dem Unterschied, daß es die Grundordnung der politischen Ordnung des Staates mit juristischen Mitteln verbindlich festlegt und somit die »Norm der Normen« ist. So wird der Staat in allen seinen Erscheinungsformen wie Gesetzgebung, vollziehende Gewalt oder Rechtsprechung an die Grundrechte gebunden.

Früher galten Grundrechte nur nach Maßgabe der Gesetze, heute ist es umgekehrt: Gesetze gelten nur nach Maßgabe der Grundrechte. D. h. auch, daß alle Gesetze, Erlasse, Verordnungen oder Urteile, die das Leben alter Menschen zum Gegenstand haben, sich an den Grundrechten orientieren müssen und sie nicht verletzen dürfen. Eine Verfassung ist also ein ordnungsstiftender und programmatischer Gründungs- und Gestaltungsakt, der der Idee eines Staates eine verbindliche Struktur gibt. Der Idee eines Staates liegt wiederum eine Idee des Menschen zugrunde, eine Vorstellung von der Natur des Menschen.

Wie die Staatsformen, so haben sich auch die Menschenbilder im Laufe der Jahrhunderte verändert. Von einer kontinuierlichen Entwicklung kann aber dennoch nicht gesprochen werden. Tatsächlich entsprangen die Grundrechte, die uns so selbstverständlich geworden sind, revolutionären Akten, die durch das Menschenbild der Aufklärung ausgelöst wurden. Die Menschenrechtserklärungen des ausgehenden 18. Jahrhunderts waren beileibe keine Weiterentwicklungen, sondern das Ende ständischer Freiheiten und Privilegien. Sie wurden durch die allgemeine und gleiche Freiheit der Menschen ersetzt. Auch die Magna Charta (1215) kann nicht als Vorläufer-Modell interpretiert werden, schrieb sie doch nur die Rechte und Freiheiten der obersten Lehensträger fest.

Die ersten Grundrechtdeklarationen waren die »Virginia Bill of Rights« (1776) und die französische »Déclaration des droits de l'homme et du citoyen« (1789). Beide können auf die Dokumente der englischen Auseinandersetzungen zwischen Krone und Parlament zurückgreifen: Petition of Rights (1628) Habeas-Corpus-Akte(1689) und Bill of Rights (1689), die das Ende der glorreichen Revolution darstellt. Hier wurden so wichtige Rechte verankert wie die Gleichheit vor dem Gesetz, die Religionsfreiheit, Schutz vor willkürlicher Verhaftung und die Bindung an rechtsstaatliche Verfahren bei jedem Eingriff in Freiheit und Eigentum. Zum Teil wurde hier auch Überlegungen von Locke (1632–1704) Rechnung getragen, der von angeborenen, natürlichen Rechten spricht (birth rights, native rights). Seit John Locke führt die Auffassung von der sittlich begründeten Autonomie und dem Eigenwert des Individuums zur Forderung einer der Staatsgewalt entzogenen Rechts- und Freiheitssphäre für den einzelnen.

Der Zweck des Staates besteht von nun an darin, die natürlichen Rechte der Menschen zu sichern und Grundlagen für ein Streben nach Glück und Zufriedenheit »persuit of happiness« (Locke) zu garantieren. Ausgerechnet dort, wo diese Gedanken entstanden, gibt es bis heute keine Einschränkungen der Parlamentssouveränität im Hinblick auf die Freiheitsrechte. Sie werden vom Parlament bestimmt und nicht umgekehrt. England ist das einzige Land in Europa ohne Verfassung und somit auch ohne eigentliche Grundrechte im verfaßten Sinne.

So verwunderlich das auf den ersten Blick auch erscheinen mag, Ziele der Revolution in England waren nicht Toleranz oder geistige und politische Freiheit, sondern der Kampf um den rechten Glauben, um Macht; Ergebnis war dann ein Kompromiß. »So mußte politische Trennung der Gewalten, der legislativen, der exekutiven und richterlichen, die englische Form politischer Freiheit werden« (Weber 1950).

Die naturrechtlich begründeten Menschenrechte bestimmen seit dem 19. Jahrhundert auch die Grundrechtsteile deutscher Verfassungen. Die bayrische und badische Verfassung von 1818 enthielten Grundrechtskataloge. Im Entwurf der Frankfurter Reichsverfassung von 1848 waren die Grundrechte vertreten ebenso wie in der Weimarer Verfassung. Hier hatten die Grundrechte lediglich Programmcharakter und waren eher Absichtserklärungen. Das Grundgesetz ist in dieser Hinsicht auch eine Antwort auf die Weimarer Verfassung, in deren Wertneutralität eine Ursache für ihr Scheitern gesehen wurde. Z. B. konnte hier durch die Mehrheit im Parlament sogar die Demokratie gestürzt werden und durch eine andere Staatsform ersetzt werden. Diese relativistische und wertneutrale Einstellung wurde mit dem Ausspruch »Demokratie als Selbstmord« kommentiert. Demgegenüber versteht sich das Grundgesetz als werterfüllt. So verbietet es in Art. 79 Abs. 3 GG selbst einer verfassungsändernden Mehrheit die Änderung essentieller Teile. Daß selbst eine solche Absolutheitsnorm einen Umsturz nicht ausschließen kann, ist klar. Aber wie in der Weimarer Zeit ist die Abschaffung der Demokratie auf legalem Wege nicht mehr möglich.

So setzte die Notverordnung vom 28. 2. 1933 alle Grundrechte faktisch außer Kraft. Als Reaktion auf die Menschenrechtsverletzungen im Dritten Reich und durch den 2.Weltkrieg setzte auf der ganzen Welt eine Renaissance naturrechtlicher Gedanken und vorstaatlicher oder überstaatlicher Wertschätzung von Grundrechten ein. Sie äußerten sich in der »Allgemeinen Erklärung der Menschenrechte« vom 10. 12. 1948 durch die Vereinten Nationen. Mit der am 4. 11. 1950 in Rom beschlossenen »Konvention zum Schutze der Menschenrechte und Grundfreiheiten« und dem Pariser Zusatzprotokoll vom 20. 3. 1952 wurde der Versuch unternommen, Grundrechte auch völkerrechtlich anzuerkennen. So existiert seit dem 21. 1. 1959 ein Europäischer Gerichtshof für Menschenrechte in Straßburg.

Die Grundrechte des Grundgesetzes lassen sich nach den Grundrechtsberechtigten in vier Gruppen unterteilen:

1. *Menschen- oder Jedermannsrechte,*
2. *Bürger- oder Deutschenrechte,*
3. *Rechte, die ihrem Wesen nach nur für natürliche Personen gelten und*
4. *Rechte, die ihrem Wesen nach auch für juristische Personen gelten.*

Da die meisten Grundrechte inhaltlich auslegungsbedürftig sind, kommt dem Bundesverfassungsgericht eine besondere Bedeutung zu. Seine Grundrechtsjudikatur ist deshalb nicht unumstritten, und seine Deutung der Grundrechte als verfassungsrechtliches Wertesystem und objektive Wertordnung engt politische Handlungsspielräume ein. Nach Hesselberger versteht das BVerfG (1990 »Lüth-Urteil«) »die Grundrechte nicht nur als Freiheitsrechte, sondern gleichzeitig als eine objektive Wertordnung. Gesetzgebung, Verwaltung und Rechtsprechung empfangen von den Grundrechten Richtlinien und Impulse«. Das Fehlen sozialer Grundrechte im Sinne einklagbarer individueller Rechte (Arbeit, Wohnung, Bildung) ist oftmals diskutiert und kritisiert worden auch im Hinblick auf eine qualitative Weiterentwicklung von Grundrechten. Dennoch ist das Bekenntnis zur objektiven Wertordnung wichtig für ein prinzipienhaftes Verständnis der Grundrechte.

Naturrecht

Wenn im Zusammenhang mit Grundrechten immer wieder von naturrechtlichen Positionen die Rede ist, lohnt es sich vielleicht, einen kurzen Abriß des Naturrechts zu geben, damit es z.B. nicht mit Darwinismus verwechselt wird.

Aus der Sophistik kommt die Unterscheidung zwischen der natürlichen, aus der »Natur« des Menschen resultierenden und der »positiven«, also vom Menschen selbst geschaffenen rechtlichen Ordnung. Seit dieser Zeit beschäftigt sich die Rechtsphilosophie mit dem Naturrecht und der Frage: Setzt die Natur des Menschen Maßstäbe, nach denen sich das positive Recht zu richten habe? Da die Ansichten über die Natur des Menschen je nach anthropologischer Sichtweise unterschiedlich sind, gibt es auch ebenso viele Naturrechtslehren.

Beherrscht werden diese unterschiedlichen Ansichten aber von zwei wesentlichen Richtungen, die aus der Antwort auf die Frage resultieren: Was ist das entscheidend Wesenhafte am Menschen, die Vernunft oder der Wille, ratio oder voluntas? Die rationalistische Vorstellung beschreibt das Bild einer unabänderlichen, nicht an Zeit und Ort gebundenen Ordnung. Die voluntaristische Idee des Naturrechts setzt den Willensakt voraus.

Das christliche Naturrecht, von Thomas von Aquin ausgehend, beruht auf dem ewigen Gesetz der göttlichen Weltordnung. Jedem Sein, jedem Ding ist nach der lex aeterna die natürliche Zugehörigkeit zum Vollkommenen, zum ewig Guten eingegeben. Alles hat so an der göttlichen Güte teil, quasi als unbewußtes Bewegungsprinzip, mit Ausnahme des Menschen, bei dem die Vernunft hinzukommt. Er ist auch in der Lage, diese Zusammenhänge zu erkennen. Er ist nach dieser Naturrechtslehre bestimmt, seiner Vernunft, die ja das wesenhaft Gute erkennt, zu folgen. Als Beispiel für Normen, die sich auf diese Weise ableiten, nennt Thomas von Aquin die göttlichen zehn Gebote. Ebenso lassen sich Ehe und Staat aus dem Naturrecht ableiten.

Der voluntaristische Gegenpol zum Thomismus stellt der Vernunft die Vorherrschaft des Willens gegenüber. Nach ihr hat Gott die Welt aus seinem Selbst geschaffen und ihr seine Gesetze gegeben. Alles wird auf den Willensakt Gottes zurückgeführt. Somit ist nur an der Spitze die Weltordnung unabänderlich. Das Naturrecht reduziert sich hier allein auf das Gebot der Gottesliebe und das Verbot des Gotteshasses. Das Wesen des Menschen oder seine Neigungen sind kein Maßstab für naturrechtliche Normen. Die Natur des

Menschen spielt hier keine verbindliche Rolle, sie dient höchstens zur Erklärung.

Das deutet darauf hin, da diese Form der Naturrechtslehre folgerichtig in den Positivismus münden mußte. In letzter Konsequenz kann Gott dann sogar den Hass gegen sich selbst befehlen, und wenn er es tut, ist es gut und richtig. Das Naturrecht besteht hier allein in den in der Heiligen Schrift geoffenbarten göttlichen Vorschriften. Ähnlichkeiten mit Fundamentalismen in anderen Religionen sind auffällig. Von Naturrecht in unserem heutigen Verständnis kann nicht mehr die Rede sein.

Diese Gegensätze im mittelalterlichen Naturrecht sind gleichzeitig auch der Grund für ihre Auflösung und Ablösung durch ein neuzeitliches Verständnis, daß sich folgerichtig von der theologischen Verknüpfung löst. Denn wenn sich Gott praktisch selbst abschaffen kann, braucht man ihn auch nicht als letzte Erklärung. Die Wiederentdeckung der Natur des Menschen ist der Ausgangspunkt naturrechtlicher Vorstellungen, allerdings wieder mit den gleichen Antagonismen: idealistisch und voluntaristisch.

Vertreter der idealistischen Richtung waren Leibniz, Grotius und Wolff. Die beiden Letzteren konnten materielle Normen ableiten, indem sie unter bestimmten anthropologischen Voraussetzungen von Naturrecht sprachen. »Für Pufendorf tritt im Blick auf die imbecillitas, auf die Schwäche und Ungeschütztheit des Einzelnen, der Staat als naturrechtlich gefordertes Wesensmerkmal menschlichen Zusammenlebens in den Vordergrund« (Veit 1962). Mit Thomasius (1655–1728), der sich vehement gegen Intoleranz und Folter wandte, wird der Höhepunkt der Rationalisierung des Naturrechts in Deutschland erreicht. Die Naturrechtslehre wird auf die Freiheit des Menschen bezogen. Das zeigt, daß die Fülle der Normen und naturrechtlichen Regeln allein davon abhängt, mit wieviel und welchen Inhalten die »Natur des Menschen« jeweils zuvor gefüllt wird. Der anthropologische Standpunkt bestimmt das idealistische Naturrecht.

Prominentester Vertreter des anderen, des voluntaristischen Flügels war Hobbies. Er konnte das Wesentliche des Menschen nicht in der Vernunft erkennen, sondern im Streben nach Macht. Diese muß zum Krieg aller gegen alle führen, wenn nicht die Angst den ordnungsstiftenden Staat schüfe. Damit der Staat seine Bestimmung erfüllen kann, muß er mit der höchsten und unbeschränkten Gewalt ausgestattet werden. Deshalb muß alles, was der Gesetzgeber vorschreibt, für gut und alles, was er verbietet, für schlecht angesehen werden. Positivistischer geht es kaum noch. An die Stelle des mittelalterlichen Gottes tritt der Staat.

Die Philosophie Kants bereitet der Naturrechtslehre ein vorübergehendes Ende. Seine Erkenntniskritik machte es unmöglich, Teilen der Natur des Menschen oder seiner Vernunft absolute Maßstäbe für sittliches Verhalten zu entnehmen oder aus ihnen materialethische Prinzipien abzuleiten. Der unmittelbare Rückgriff auf das Wesen des Menschen, um unwandelbare Normen und Regeln zu begründen, seien sie nun idealistischer oder voluntaristischer Art, war philosophisch nicht mehr möglich. Damit wurde dem Naturrecht auch seine rechtssetzende Berechtigung genommen.

Allerdings bot die neue Unterscheidung von Recht und Ethik der Naturrechtslehre eine neue Heimat in der Sittenlehre. Denn die Suche nach dem rechten Recht benötigt zur Beantwortung ideale Fixpunkte oder Perspektiveorientierungen außerhalb der positiven Rechtskonstruktion. Ein Verzicht auf vorstaatliche und überpositivistische Grundrechtsvorstellungen war auf die Dauer nicht durchzustehen. Negiert eine solche Einstellung doch elementare menschliche Bedürfnisse emotionaler und spiritueller Art.

Der ungeheure Mißbrauch, den der Staat mit seiner Allmacht trieb, führte dann, wie bereits beschrieben, nach dem 2. Weltkrieg zu einer weltweiten Renaissance des Naturrechts. Ein Zurück zum mittelalterlichen oder idealistischen neuzeitlichen Naturrecht ist ebenso unmöglich, wie ein Rückfall in einen absoluten Rechtspositivismus. Der Weg, der mit dem Grundgesetz gegangen wurde, ist deshalb richtungsweisend. Hier wurden Naturrechtsnormen positiviert.

W. Maihofers Definition des Naturrechts als »der Begriff für die ständig geforderte Evolution und Revolution der menschlichen Verhältnisse im Lebensalltag, hin zur Gestalt einer wahrhaft menschlichen Gesellschaft zwischen Menschen« kann auch für die stationäre Altenhilfe als eine Aufforderung übernommen werden, mehr Lebensqualität zu schaffen. So wird das Ernstnehmen und die praktische Umsetzung der verfaßten Grundrechte zu »revolutionären Akten«. Auf diesen Fundamenten können »Heime zum Leben« gebaut werden. Wichtige »Bausteine« sind die Grundrechte des Grundgesetzes, deren Inhalt in Übersichten im folgenden dargestellt wird. Ausgangspunkt und Basis für menschliche Heime ist die Beachtung der Menschenwürde. Deren verfassungsrechtlichen Grundlagen soll zunächst ausführlich nachgespürt werden.

Menschenwürde

Art. 1 [Schutz der Menschenwürde]

(1) Die Würde des Menschen ist unantastbar. Sie zu achten und zu schützen ist Verpflichtung aller staatlichen Gewalt.

»Der Staat ist um des Menschen willen da« war eigentlich die erste Version des Art. 1 des »Herrenchiemseer Verfassungsentwurf«, der dem Parlamentarischen Rat im Herbst 1948 vorlag. Zur Verabschiedung der leidenschaftlicheren Fundamentalnorm entschloß sich der Rat nicht zuletzt, um ein Zeichen für einen qualitativen wertorientierten Neubeginn zu setzen. Auf dieser Verfassungsgarantie fußt ein System von Grundrechten.

Der Verfassungstext beginnt mit einer Negation. Wir erfahren weder etwas über den Menschen, den Staat, die Staatsform oder das Staatsgebiet noch über das, was es zu achten und zu schützen gilt. Wir wissen aber, daß der Mensch etwas hat, das zu ihm gehört, das er besitzt, das ein Teil seiner Identität ist und das unantastbar ist. Es ist sein eigener Wert, seine Würde. Somit wird der Mensch selbst zur Grundnorm. Er ist Ebenbild Gottes. Seine Würde existiert auch ohne Staat, sie ist naturrechtlich.

Der Mensch hat seine Würde durch sein eigenverantwortliches Verhalten. Diese Fähigkeit macht ihn zum Erschaffer der eigenen Identität. Der Staat hat diese Fähigkeiten zu achten und zu schützen. Er hat sich dazu ohne Wenn und Aber (mit aller staatlichen Gewalt) verpflichtet. Eigenverantwortlichkeit bedeutet: Selbständigkeit, Unabhängigkeit. Das bedeutet, daß auch der einzelne selbst bestimmt, was für ihn Würde ausmacht.

Auch und gerade in dem Fall, wo der einzelne sich nicht begreift oder zur Identitätsbildung nicht fähig ist, stellt der Eigenwert, sein Menschsein, die zu achtende und zu schützende Menschenwürde dar. »Der allgemeine menschliche Eigenwert der Würde ist auch als vorhanden zu denken, wenn ein konkreter Mensch die Fähigkeit zur freien Selbst- und Lebensgestaltung von vornherein nicht hat« (Dürig nach Lachwitz 1989).

Die Menschenwürde ist tatbestandlich nicht beschrieben, weil ihre Herkunft nicht die Rechtswissenschaft, sondern die Philosophie, Theologie und das Naturrecht sind. Sie wird aber in der Rechtsprechung durch negative Umschreibungen, durch das, was im Einzelfall als Verletzung oder Nichtbeeinträchtigung der Menschenwürde bezeichnet wird, eingegrenzt. Hier haben sich verschiedene Bereiche als besonders zu beachtende herausgeschält, wobei die Gefährdung der Menschenwürde in anderen Normen des

Grundgesetzes präzisiert wird (Art. 2, 5, 4, 19 GG). In Begründungen des BVerfG wird dann immer wieder auch auf Art. 1 verwiesen. Nur ist das Prinzip der Menschenwürde zu komplex, als daß es über eine Art »Verdampfungsprozeß« plötzlich klar und deutlich sichtbar wird.

Dennoch möchte ich einige wichtige Bereiche der Menschenwürde für alte Menschen nennen, die auch für die Lebensqualität von Bedeutung sind:

- *Subjektstellung als Person (kein Pflegeobjekt),*
- *Rehabilitation,*
- *Privatheit,*
- *Intimität und Sexualität,*
- *allgemeines Persönlichkeitsrecht (Schutz über den Tod hinaus),*
- *Datenschutz (informationelle Selbstbestimmung),*
- *Existenzminimum.*

»Ein menschwürdiges Leben ist dann ein Leben, in dem nach den vorhandenen Möglichkeiten die verschiedenen menschlichen Werte zur Geltung kommen können« (Sporken 1980). Diese anthropologisch-ethische Betrachtung grenzt den Begriff der Würde von dem einer an Rang, Stand oder Amt geknüpften Vorstellung, wie in »Amt und Würden« oder »das ist unter meiner Würde« ab. Gerade diese Verbindung zum sozialen Status, auch von Selbst- und Fremdbild, machen Verletzungen der Würde in stationären Einrichtungen so schwer erfahrbar und als schwerwiegend bewertbar. Hier siedeln auch die Schwierigkeiten, die die Rehabilitation hat, wenn sie von der Wiederherstellung der Menschenwürde spricht.

Die besondere Situation in der Altenpflege verschärft die Problematik der inhaltlichen Ausformung des Würdebegriffes zusätzlich. Hier gilt ähnliches wie für die Behindertenhilfe. Die Lage der Pflegenden und ihre Würde, Ausbildung, Personalschlüssel und Räumlichkeiten bedeuten: Die Finanzierung der Altenhilfe ist auch Gegenstand des Art. 1 GG.

Allerdings kann man nicht jede Beeinträchtigung zum Gegenstand des Art. 1 GG machen, wenn er nicht bedeutungslos werden soll. »Nicht alles, was Rechte und Befugnisse jemandes verletzt, tangiert schon dessen Würde« (Schreiber 1989).

Das GG bekennt sich zu den unverletzlichen und unveräußerlichen Menschenrechten in Art. 1 Abs. 2 GG und geht damit von überpositiven Menschenrechten aus, die auch gelten würden, wenn sie im GG nicht enthalten wären (Recht auf Leben, freie Meinungsäußerung, Menschenwürde). Genau wie die Menschenwürde sind die Menschenrechte juristisch nicht eindeutig darstellbar. Das GG bietet aber einen Katalog einzelner besonderer Menschenrechte.

Wichtig für die Altenhilfe, wie natürlich für alle anderen Felder gesellschaftlichen Lebens auch, ist die bereits erwähnte Bindung aller Staatsgewalt an die Grundrechte. Die Grundrechte sind unmittelbar geltendes Recht. Die Achtung und der Schutz der Menschenwürde alter Menschen ist nicht in erster Linie eine Fürsorgepflicht des Staates und seiner Organe, die er mehr oder weniger ernst nimmt, gleichsam einem Übervater, sondern sie verpflichten ihn, sie sind Auflagen, die er zuvörderst zu erfüllen hat. Jedes Gericht hat die Grundrechte zu beachten.

Das Heimgesetz, alle Gesetze, Verordnungen der Altenhilfe und die Heimaufsichtsbehörden sind dem Grundgesetz, der Menschenwürde verpflichtet. Das der Menschenwürde verantwortliche tägliche Handeln läßt die Rechtssicherheit entstehen, die dem alten Menschen Vertrauen in seine Lebenssituation gibt: Sie schafft unter anderem »der Würde Raum« (Wendt 1989) als ökologische kulturelle Umwelt.

Freiheitsrechte
Art. 2 GG

Freie Entfaltung der Persönlichkeit

Es ist jedermann prima facie erlaubt, zu tun und zu lassen, was er will, (Erlaubnisnorm) und er hat prima facie das Recht gegenüber dem Staat, wenn keine Schranken bestehen, daß dieser ihn bei seinem Tun und Unterlassen nicht hindert oder eingreift (Rechte-Norm).

Im Einzelnen:
- Schutz des Namens,
- Schutz der persönlichen Ehre,
- Recht am eigenen Bild: Jedermann darf selbst und allein bestimmen, ob und wieweit andere sein Lebensbild oder Teile davon öffentlich darstellen dürfen,
- Recht am eigenen Wort: Schutz vor heimlichen Tonbandaufnahmen,
- Recht auf Gegendarstellung,
- Recht auf informationale Selbstbestimmung (Datenschutz).

Recht auf Leben und körperliche Unversehrtheit

bedeutet, daß der Staat zum Schutz derselben verpflichtet ist und sich schützend und fördernd vor dieses Leben zu stellen hat; d.h. vor allem, es vor rechtswidrigen Eingriffen anderer zu bewahren.

Diese Schutzpflicht wird auch in der stationären Altenhilfe in unterschiedlichen Zusammenhängen reklamiert:
- Umwelteinflüsse (Lärm, Luftverschmutzung),
- Zustand von Gebäuden, Verkehrswegen,
- medizinische und soziale Betreuung,
- Sicherung der Pflege.

Freiheit der Person

Das Grundrecht garantiert die körperliche Bewegungsfreiheit und schützt vor ungerechtfertigten Festnahmen, Verhaftungen und Unterbringungen. Auch bei Eingriffen in die Freiheit der Person gilt der Gesetzesvorbehalt.

Beim Umgang mit verwirrten oder psychisch kranken Menschen kommt diesem Artikel im Verbund mit Art 104 GG besondere Bedeutung zu. Freiheitsbeschränkende oder -entziehende Maßnahmen können nur akzeptiert werden, wenn lediglich durch sie eine erhebliche Gefahr für den Betroffenen oder die Öffentlichkeit abgewendet werden kann.

Freiheitsentziehende Maßnahmen sind neben:
- Unterbringungen, sogenannte. unterbringungsähnl. Maßnahmen wie:
- Schutzdecke,
- Leibgurt,
- Bettgitter,
- Stecktisch am Stuhl,
- Abschließen des Zimmers, der Station, des Hauses,
- Trickschlösser,
- sedierende Medikamente.

Gleichheit vor dem Gesetz, Art 3 GG

Die Gleichstellung aller Menschen vor dem Gesetz ist in mehrfacher Richtung besonders bedeutsam für alle, die benachteiligt sind:

- Ausgleich zu den Freiheitsrechten, die die Stärkeren begünstigen (allgemeiner Gleichheitssatz),
- Rechtsanwendungsgleichheit (Gleichheit vor dem Gesetz),
- Rechtssetzungsgleichheit (Gleichheit des Gesetzes),
- Verbot von Bevorteilung oder Benachteiligung aufgrund von persönlichen Wesensmerkmalen oder Zuständen, (Geschlecht, Abstammung, Rasse, Sprache, Heimat, Herkunft, Glauben, religiöse oder politische Anschauungen),
- Rechtssicherheit, da auch für Behörden und Verwaltung bindend,
- Begründung für die Forderung nach Normalisierung im Heim.

Glaubens-, Gewissens- und Meinungsfreiheit Art 4 GG

Die Bedeutung der Religions- und Weltanschauungsfreiheit als für viele Menschen konstitutiver Bestandteil des

- Selbstwertgefühls und der
- Identität

bekommt unter den besonderen Bedingungen eines Wohnens im Heim eine stärkere Bedeutung. Existentielle Erfahrungen im Alter werden zum Teil durch verstärkte Hinwendung zum Glauben kompensiert.

Die Verbindung von

- Religion und
- Lebenssinn

als Teil der inneren Lebensqualität ist für viele untrennbar.

- Positive Religions- und Weltanschauungsfreiheit bekommt im Hinblick auf die Zunahme älterer Ausländer eine besondere Relevanz ebenso wie die
- negative Religions- und Weltanschauungsfreiheit: der Schutz des Rechtes nicht zu glauben.

Unverletzlichkeitsartikel 10 und 13 GG

Art 10 erklärt das Brief-, Post- und Fernmeldegeheimnis für unverletzlich.
Geheimnisse sind wichtig für die Identität des Menschen. Sie sind vertraulich und sie können anvertraut werden. Für alte Menschen stellen Briefe und Telefongespräche eine wesentliche Form dar, Gemeinschaft aufrechtzuerhalten.

Art 13 schützt die Unverletzlichkeit der Wohnung.
Wohnung meint lt. BverfG:

- »räumliche Privatsphäre«
- »elementaren Lebensraum«
- jeden abgeschlossenen Raum, also auch Hotelzimmer und Campingwagen,

  und darf gegen den Willen des
- Berechtigten nicht betreten werden,
- Art 13 gilt ebenso für Bewohner in Einrichtungen der stationären Altenhilfe,
- das Betretungsrecht der Heimaufsicht beschränkt sich auf das Gelände und die Räume der Einrichtung.

Zusammenfassung

Eine konsequente Orientierung an den Grundrechten könnte helfen, die Lebensqualität in Heimen zu verbessern. Was in diesem Abschnitt über die stationäre Altenhilfe gesagt wurde, gilt mit seinen prinzipiellen Inhalten auch für alle anderen stationären Einrichtungen.

»Nach der ständigen Rechtsprechung des BVerfG enthalten die Grundrechtsnormen nicht nur subjektive Abwehrrechte des Einzelnen gegen den Staat, sondern sie verkörpern zugleich eine objektive Wertordnung (Alexy 1986).« Ohne auf die juristische Pro- und Kontra-Diskussion um die Werttheorie eingehen zu können, erscheint die Umbenennung in eine Prinzipientheorie unproblematisch und zweckmäßig. Wenn ein Wert zu einem Prinzip gemacht wird, verändert sich nicht der Inhalt, sondern die Kategorie. Werte bezeichnen Begriffe der Ethik, des moralisch Guten, Besten. Prinzipien sind im juristischen Sinne, aber nicht nur dort, Begriffe des Sollens.

Also: Warum soll das grundgesetzlich als »bestes« Definierte nicht »gesollt« werden, d. h. auch durchgesetzt werden, insbesondere dann, wenn es auch tatsächlich gewollt ist? Und das nicht nur im Verhältnis Bürger/Staat sondern wie immer wieder vom BVerfG betont, auch in allen anderen Rechtsbeziehungen. Denn Prinzipien sind unteilbar.

So wird dann aus Wollen und Sollen bilanzierbares Soll und Haben im Geschäft »stationäre Altenhilfe«. Daß es sich um ein solches handelt, bezeugen die vielen Formen betreuten Wohnens, die von »Experten« gänzlich anderer, nicht von heftigem »Altruismus« bedrängter Professionen initiiert, finanziert und exekutiert werden. Gerade dieser Wachstumsmarkt der realexistierenden »Nicht-Heime« bedarf in Ermangelung anderer Regelungen eines Ordnungssystems rechtsverbindlicher Prinzipien, deren Verletzungen Folgen haben. Lediglich betuchte Betagte zum Residieren anzustiften, wird in einer solchen Zukunft nicht mehr als Geschäftsgrundlage ausreichen können.

In England bestimmt dieser Prinzipiencharakter die Rechtslandschaft seit jeher und erklärt auch, warum dort keine ausdrückliche Verfassung existiert. Dennoch liegen die Grundrechte auch dort in schriftlicher Form vor.

Die »Rule of Law« (Rechtsstaatlichkeit) ist, neben der Parlamentssouveränität, eine der beiden tragenden Säulen der britischen Verfassung. Sie gründet auf der Magna Charta, in der der König verspricht, sich dem Gesetz unterzuordnen. Die ständige Wiederholung des Gleichheitsanspruchs für Herrscher und Beherrschte im Laufe der Geschichte hat dazu geführt, daß sich das auf Präzedenzfällen beruhende Common Law durchgesetzt hat. Im Artikel der

Magna Charta steht außerdem: Kein freier Mann soll verhaftet, gefangen gehalten, enteignet, geächtet, verbannt oder auf irgendeine Art zugrundegerichtet werden. Wenn auch zu Zeiten der Verkündung der Charta unter einem freien Mann ein Adliger gemeint war, gilt das Verfassungsprinzip der Übertragbarkeit von Normen auf veränderte soziale und politische Wirklichkeiten. Die weiteren Dokumente mit Grundrechtsgehalt sind die Petition of Rights, die Habeas Corpus Akte und die Bill of Rights.

In der spezifisch englischen Rechtsgeschichte, die eine Kontinuität von Jahrhunderten aufweist, in denen Grundrechte immer wieder mühevoll den Herrschern abgetrotzt werden mußten, ist unter anderem der Grund für ein ausgeprägtes Freiheitsbedürfnis zu suchen. So macht die Betonung der Freiheit, auch auf Risiko und Unvernunft das typisch englische an dem Modell aus. Es ist etwas, das tief im britischen Bewußtsein verhaftet ist. Etwas, von dem ich glaube, daß es sich auch bei uns entwickeln kann.

Die Operationalisierung der Grundrechte, als Prinzipien verstanden, für den Alltag der stationären Altenhilfe – wie es für England geschehen ist – ist Voraussetzung dafür, daß sie Wirkungen entfalten können. Rechte, insbesondere Grundrechte, kommen nicht allein durch ihre Existenz zum Tragen, sie müssen mit Leben gefüllt werden, um ihre Ausstrahlungskraft voll zu entwickeln. Hierzu sind alle Beteiligten am Projekt »Humanisierung und Qualitätssicherung« in der stationären Altenhilfe aufgefordert.

Literatur zu Kapitel 4

Alexy, R.: Theorie der Grundrechte. Frankfurt a. M. 1986

Baruzzi, A.: Europäisches »Menschenbild« und das Grundgesetz für die Bundesrepublik Deutschland. Freiburg/München 1979

Dürig, G.: »Einführung.« In Grundgesetz. 27. Aufl., München 1991

Glatzer, W./Zapf, W. Hrsg.: Lebensqualität in der Bundesrepublik. Objektive Lebensbedingungen und subjektives Wohlbefinden. Frankfurt a. M./New York 1984

Heidegger, M.: Vorträge und Aufsätze. Pfullingen 1954

Hesselberger, D.: Das Grundgesetz. Kommentar für die politische Bildung. 7. Aufl., Bonn 1990

Klie, T.: »Heime im normativem Konflikt.« In Braun/Dennebaum/Rückert: Stationäre Altenhilfe. Problemfelder – Rahmenbedingungen – Perspektiven. Freiburg 1987, S. 47 – 57

Klie, T.: Heimaufsicht. Praxis – Probleme – Perspektiven. Hannover 1988

Lachwitz, K.: Menschenwürde, Grundgesetz, geistige Behinderung: eine Bilanz nach 40 Jahren Verfassungswirklichkeit. Marburg 1989

Maihofer, W. Hrsg.: Naturrecht oder Rechtspositivismus. Darmstadt 1972

Raspe, Hans-Heinrich: »Zur Theorie und Messung der Lebensqualität in der Medizin.« In: Schölmerich, P. und Thews, G.: »Lebensqualität« als Bewertungskriterium in der Medizin. Stuttgart/New York 1990, S. 23 – 40

Schreiber, H.-L.: »Die Würde des Menschen.« In Borsi, G. M. Hrsg.: Die Würde des Menschen im psychiatrischen Alltag. Göttingen 1989, S. 15 – 23

Sporken, C. P.: »Pflege und Rehabilitation zu menschenwürdigem Leben.« In Heipertz/Joachim/Andre: Recht auf Pflege. Sicherung der Grundwerte menschlichen Lebens. Heidelberg 1980, S. 12 – 19

Veit, O.: »Der geistesgeschichtliche Standort des Naturrechts.« In Maihofer, W., Hrsg.: Naturrecht oder Rechtspositivismus. Darmstadt 1972, S. 33 – 51

Weber, A.: Kulturgeschichte als Kultursoziologie. 2. Auflage, Heidelberg 1950

Wendt, W. R.: »Der Würde Raum. Ökologische und ethische Reflexionen.« In Borsi, G. M. Hrsg.: Die Würde des Menschen im psychiatrischen Alltag. Göttingen 1989, S. 163 – 178